KB218375

BKC 강해 주석 7
역대상·하

The Bible Knowledge Commentary

Copyright © 1985 by SP Publications, Inc.
Originally published in English under the title: *Bible Knowledge Commentary OT and NT*
David C. Cook, 4050 Lee Vance View, Colorado Springs, Colorado 80918 U.S.A.
All rights reserved.

This Korean edition copyright © 1988, 2016 by Duranno Ministry
38, Seobinggo-ro 65-gil, Yongsan-gu, Seoul, Republic of Korea

This edition is published by arrangement with David C. Cook.

본 저작물의 한국어판 저작권은 David C. Cook과 독점 계약한 두란노서원이 소유합니다.
신 저작권법에 의거하여 한국 내에서 보호받는 저작물이므로 무단 전재와 무단 복제를 금합니다.

BKC 강해 주석 7

역대상 · 하

지은이 | 유진 메릴   옮긴이 | 이명준, 이종록
개정2판 1쇄 발행 | 2017. 7. 24

등록번호 | 제1988-000080호
등록된 곳 | 서울특별시 용산구 서빙고로 65길 38
발행처 | 사단법인 두란노서원
영업부 | 2078-3333   FAX 080-749-3705
출판부 | 2078-3332

▌책값은 뒤표지에 있습니다.

ISBN 978-89-531-2931-3 04230
(set) 978-89-531-2540-7 04230

▌독자의 의견을 기다립니다.

tpress@duranno.com   http://www.Duranno.com

▌이 책의 성경 본문은 개역개정판을 사용했습니다.

두란노서원은 바울 사도가 3차 전도여행 때 에베소에서 성령 받은 제자들을 따로
세워 하나님의 말씀으로 양육하던 장소입니다. 사도행전 19장 8~20절의 정신에
따라 첫째 목회자를 돕는 사역과 평신도를 훈련시키는 사역, 둘째 세계선교(TIM)와
문서선교(단행본 · 잡지) 사역, 셋째 예수문화 및 경배와 찬양 사역, 그리고 가정 · 상담 사역
등을 감당하고 있습니다. 1980년 12월 22일에 창립된 두란노서원은 주님 오실 때까지 이
사역들을 계속할 것입니다.

BKC 강해 주석 7

역대상·하

유진 메릴 지음 | 이명준, 이종록 옮김

두란노

CONTENTS

II. 다윗의 통치(10~29장)

역대하

אָדָם שֵׁת אֱנוֹשׁ
קֵינָן מַהֲלַלְאֵל יֶרֶד
חֲנוֹךְ מְתוּשֶׁלַח לֶמֶךְ
נֹחַ שֵׁם חָם וָיֶפֶת ס
בְּנֵי יֶפֶת גֹּמֶר וּמָגוֹג וּמָדַי וְיָוָן וְתֻבָל וּמֶשֶׁךְ וְתִירָס ס

The Bible Knowledge
Commentary 7

1 Chronicles
서론

The Bible Knowledge
Commentary

서론

서론

초기의 히브리어 사본에서 역대상과 역대하는 한 권의 두루마리였다. 그 책이 둘로 갈라진 것에 대한 최초의 증거는 70인역인데 이것은 BC 200년 무렵의 일이다. 원래의 자료가 역사의 기록을 하나의 나뉘지 않은 기사로 소개하였으므로, 독자는 이 책의 주장의 일관성과 발전적인 전개를 이해하기 위하여 역대상과 역대하를 함께 읽고 연구해야만 한다.

저자

역대상·하의 저자는 구약성경에는 언급되어 있지 않지만 유대의 전승은 에스라로 제시하고 있다. 그러나 이 문제에 있어서 확인할 수 있는 방법은 없다. 그리하여 저자를 '역대기 기자'라고 습관적으로 언급하고 있는데, 완전히 만족할 수는 없지만 더 중요한 정보가 없는 상태에서는 적절한 것이라 하겠다. 학자들은 일반적으로 작품 문체의 통일성, 기호, 관점으로 보아 저자가 한 사람일 것이라는 사실에 동의한다. 하지만 역대상과 역대하에서는 어느 다른 구약성경보다도 더 초기에 쓰

인 여러 개의 자료들에 의존했음을 증거하고 있다. 역대상과 역대하의 반 이상이 사무엘상과 사무엘하, 그리고 열왕기상과 열왕기하에 기록되어 있는 같은 구절들을 사용하고 있는 것이 그 증거이다. 하지만 이것은 역대기 기자가 이 책들을 직접적인 자료로서 사용했다는 의미는 아니다. 대부분의 학자들이 역대상과 역대하가 앞서 언급한 성경에서 인용했다는 증거가 거의 없다는 점에 동의한다. 반면에 '다윗 왕의 역대지략'(대상 27:24), '이스라엘과 유다 열왕기'(대하 27:7; 35:27; 36:8), '유다와 이스라엘 열왕기'(대하 16:11; 25:26; 28:26; 32:32), '이스라엘 열왕기'(대상 9:1 '이스라엘 왕조실록'; 대하 20:34 '이스라엘 열왕기'; 33:18 '이스라엘 왕들의 행장'), '선견자 사무엘의 글'(대상 29:29), '선지자 나단의 글'(29:29; 대하 9:29), '선견자 갓의 글'(대상 29:29), 그 외의 기록들(대하 9:29)이 있다. 저자가 누구였든지 간에, 역대기 기자는 공식 또는 비공식 문서들을 조심스럽게 사용한 꼼꼼한 역사가였다.

저작 시기

거의 모든 성경학자들은 역대상·하는 BC 5세기말 이후에 기록된 것은 아니며 아마도 BC 400년 무렵이었을 것이라는 데 동의한다. 자유주의 비평가들은 한 때 제사장들과 레위인들에 관한 고도의 발전된 조직에 대한 자료들, 예배 중 성악과 기악의 사용, 반사마리아적 논쟁, 미드라시식(midrashic) 성경 해석을 사용한 점(설화식의 전개 또는 종교적 교훈들의 예시), 그리고 페르시아 낱말인 '다릭'(대상 29:7)을 언급한 점 등 최근에 논의되고 있는 특성들을 바탕으로 BC 300~250년 무렵이 저작 시기로 더 적절할 것이라고 주장했다. 이러한 특징들은 BC 5세기 이전에는 사용하지 않았던 것으로 알려져 있으며, 역대상과 역대하의 히브리어 특징으로 보아 BC 5세기 말보다는 초가 더 타당한 것으로 보인다. 역대상·하에 명명된 가장 마지막 인물은 아나니, 즉 여호야긴의 8대손이다(대상 3:24). 여호야긴은 BC 598년에 바벨론에 포로로 끌려갔다. 만약 각 세대가 25년씩 할당이 된다면, 아나니는 BC 425년과 400년 사이에 태어난 것이 된다. 만약 다윗의 후손이 역대기 기자에게 그처럼 중요했다면 부인할 수 없는 한 가지 사실이 있다. 만약 그 책이 그 당시보다 후에 쓰였다면, 그가 400년경 이후의 다윗의 후손들을 하나도 기록하지 않았다는 것은 믿을 수 없는 일이다. 또한 이 계보론적 자료들은 역대상· 하를 제작했을 가장 최근의 시간을 정하는 데 도움이 되는데, 이는 8세대를 계산했을 때 BC 598년과 BC 400년보다 더 빠른 어느 특정 시간 사이에 존재할 수 없기 때문이다. 즉, 본서는 BC 400년 이전에는 기록될 수 없다.

목적과 구성

이 두 요소는 하나가 다른 하나를 설명하기 때문에 함께 고려하게 될 것이다. 히브리어로 역대상과 역대하 한 두루마리의 이름은 디브레 하야밈(דברי הימים: 시기에 관련된 말씀)이라고 알려져 있었다. 이 책은 이스라엘과 유다의 왕 다윗의 '시기'에 대한 역사적인 기록이다. 70인역의 헬라어 표제인 파랄레이포메나(παραλειφυμενα: '생략된 일들')에서는 역대상·하의 유일한 목적이 사무엘서와 열왕기서에 기록되지 않았던 자료를 보존하는 데 있다고 잘못된 해석이 부여되어 있다.

역대상·하가 아담에서 시작하여(대상 1:1) BC 538년에 있었던 페르시아의 고레스 칙령(대하 36:23)으로 끝이 난 역사서의 형태를 취한 것은 분명한 사실이다. 이러한 관점은 아담으로부터 사울의 죽음까지의 기간이 다윗과 제사장 계급, 그리고 레위인 계층의 계열을 강조하는 구조적인 설화의 단편들로 흩어져 있는 계보 목록들 속에서만 연관되어 있다는 사실을 고려해야 한다. 하나님께서는 선택적인 목적 속에서 지상의 모든 나라들 중에서 이스라엘과 그 최고의 왕 다윗을 선택하셨다. 그리하여 다윗과 유다는 역대상·하의 주요 주제이다. 계보의 설명(대상 1~9장) 속에 암시된 다윗과 정치 역사, 제사장 계급과 레위인의 종교적 구조들을 강조한 것은 역대상·하의 남은 부분에서도 찾을 수 있다.

사울의 통치는 단지 한 개의 장(대상 10장)에 묘사되어 있고 그것도 다만 그의 죽음에 대한 기록이다. 사울의 죽음에 대한 이 이야기의 목적은 다윗의 계승을 위한 것이다. 다윗의 통치는 그 후에 역대상의 후반부 19장(11~29장)의 주제가 된다. 솔로몬의 통치는 역대하 1~9장에 서술하고 있고 왕조 역사의 나머지는 역대하 10~36장에 기록하고 있다. 때때로 이스라엘, 북왕국에 대한 언급이 있기는 하나 역대하 11~36장의 전체적

서술은 남왕국에 집중되어 있다. 분열된 왕국의 역사는 늘 그러한 관점에서 관찰된다. 다윗과 다윗의 후손은 매우 중요한 주제이다. 이 책 가운데에서 보조적이지만 중대한 흐름(종교적인 문제를 제일 중대한 일로 다루고 있는 부분)이 역시 계보의 설명(대상 1~9장) 속에 나와 있다. 출생과 혈통에 대한 제사장과 레위인의 가계에 대한 서술은 성전과 성전 예배에 대하여 특별히 주의를 기울여야 함을 암시하는데, 다윗의 시대에서부터 분명해진다. 역대기가 왕조가 살아남을 수 없었던 시기, 즉 바벨론 유수 이후에 쓰였기 때문에 종교적 권력과 마찬가지로 정치적인 힘도 더욱 성직자의 책임이 되었다. 이것은 제사장들과 그와 관련된 자들의 중요성을 잘 설명해주고 있다. 그러나 더욱 중요한 것은 백성들의 제사장에 대한 메시아적인 이해를 높이기 위한 준비작업의 필요성이다. 다윗의 막대한 예배에 대한 관심과 개입은 계획성 없이 된 것은 아니었다. 왕으로서(참조, 시 2편; 110편), 제사장으로서(대상 15:25~28. 참조, 삼하 6:12~15) 다윗은 메시아적인 제사장인 그리스도의 모형이었다. 역대상과 역대하가 똑같이 강조하는 것은, 메시아적인 암시가 담겨있는 왕으로서의 다윗과 왕족의 기능으로서의 제사장이라는 점이며, 이것이 역대상·하의 신학적 이해에 있어 중심을 이룬다.

몇몇 연구자들은 역대기 기자가 편향적 역사 기술의 오류를 범하고 있다고 믿는다. 그들은 말하기를 역대기 기자가 다윗이 밧세바와 간음한 사건을 기록하지 않은 것에 반해, 열왕기하에서 누락된 기사인 악한 왕 므낫세의 회개에 대해서는 신중했다는 사실을 예로 든다. 이러한 예들이 다른 많은 사례들과 함께 '편향된' 역사 편찬의 실례들로 인용되었지만, 그러한 사례를 두고 잘못된 사실을 기록한 것으로 해석하는 실수를 범해서는 안 된다. 역대기 기자가 편향적인 기록을 하였다고 비난하는 것은 옳지 못하다. 독자는 사무엘서와 열왕기서에서보다 역대기에서 더 '밝은 빛'처럼 기술되는 다윗과 그 왕국의 의미를 이해해야 한다. 물론 다윗의 사례가 일반적으로 과장되게 기술된 것은 사실이다. 다윗이 간음한 일이 역대상에는 생략되어 있지만 다른 기록들에서는 분명히 그를 상대적으로 덜 긍정적으로 묘사했다. 그가 법궤를 잘못 다룬 일(대상 13:9~14), 그의 일부다처주의(14:3~7), 하나님을 위한 성전을 지을 때의 그의 미숙한 질문(17장)들이 몇 개의 예이다. 또한 다른 학자들은 사무엘하 11장의 다윗의 간음 사건이 잘 알려져 있으며, 역대상·하가 만들어지기 오래전에 기록된 것을 시인하고 있기 때문에 그것을 반복할 필요는 없었을 것이라고 말한다.

역대기 기자가 편견을 가지고 기록했다는 비난에 대한 최선의 해결책은, 사무엘상·하와 열왕기상·하의 내용 중 직접적이고 적극적으로 역대상·하의 기록 목적에 공헌하지 않은 요소들은 특별한 관련성이 없기 때문에 역대상·하에 포함되지 않았다고 보는 것이다. 역대상·하의 강조점은 메시아적인 왕이며 제사장인 다윗을 통하여 그분의 계약의 백성 속에서 하나님의 선택적이고 보호하시는 은혜를 나타내고자 하는 데 있다. 열왕기상·하의 목적은 다르다. 그 책에서는 계약의 필요조건들을 제하신 하나님의 백성들에 대한 거룩한 심판의 증거로서 사마리아와 예루살렘의 멸망과 파괴를 설명하고 있다. 역대상·하의 책들에서는 이 주제를 회피하고 있지는 않지만, 모든 세계와 세대 가운데 계시는 자비하신 하나님께서 그분이 이루실 구속사적인 화해에 대한 더 나은 계획을 가지셨다는 것을 보여준다. 그 계획은 다윗을 없애는 것이 아니라, 반대로 왕이며 제사장을 겸한 더 위대한 '다윗'(메시아)이 되는 것이다. 다윗, 성직자, 성전에 대한 역대기의 강조는 포로 전의 유다에게 대단한 위로의 근원이 되었을 것이다. 국가는 포로가 되었고 극히 소수의 남은 자들이 돌아왔는데 회복된 성전은 이전의 영광과 거의 비교가 되지 않았다(학 2:3). 그러나 하나님의 약속들은 실패하지 않을 것이다. 하나님의 시간이 차면 성전은 그분만의 영광으로 채워질 것이다. 그리고 다윗의 가계가 한 번 더 이루어질 것이며 메시아께서 왕국 속에서 다윗의 보좌를 다스리실 것이다. 주님의 언약의 주권이 지닌 종교적이고 정치적인 측면들이 재확립될 것이다. 이러한 역대상·하의 언약의 확인 작업은, 단순히 그것을 조상들이 이전에 알고 있었던 막연한 영광으로 회상했던 남은 자들의 마음속에 열렬한 기쁨과 참여 의식을 불어넣었을 것이다.

The Bible Knowledge
Commentary

개요

Ⅰ. 족보들(1~9장)

The Bible Knowledge
Commentary
Jeremiah

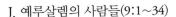

אָדָם שֵׁת אֱנוֹשׁ

קֵינָן מַהֲלַלְאֵל יֶרֶד

חֲנוֹךְ מְתוּשֶׁלַח לֶמֶךְ

נֹחַ שֵׁם חָם וָיָפֶת ס

בְּנֵי יֶפֶת גֹּמֶר וּמָגוֹג וּמָדַי וְיָוָן וְתֻבָל וּמֶשֶׁךְ וְתִירָס ס

The Bible Knowledge Commentary 7

1 Chronicles 주해

The Bible Knowledge
Commentary

주해

I. 족보들(1~9장)

서론에 제시했던 대로 역대상과 역대하에서는 유다의 다윗 왕조와 레위 계보에 강조점을 두고 있다. 여기서 족보들은 어떻게 다윗과 유다가 하나님께 선택되었는지를 보여주려고 기록되었다. 이러한 구별된 선택은 족장 시대, 심지어는 족장 이전의 시대에까지 거슬러 추적된다.

A. 족장의 족보들(1장)

이 단락은 창세기의 족보 목록과 비교할 때 실제적으로 거의 차이나지 않는다. 저자 역시 직접 창세기를 인용하거나(히브리어 본문과 같은 형태는 아니지만) 창세기와 관련된 자료들을 사용했다. 그러나 저자는 단순히 창세기 본문을 복사하는 것을 배제했다. 오히려 그는 자신의 전체적인 계획에 따라 나라들, 종족들, 개인들을 선택적으로 사용했다.

1. 아담의 족보(1:1~4)

1:1~4 이 구절의 이름들은 창세기 5장 3~32절에 근거하여 첫 번째 사람, 아담으로부터 노아와 그의 세 아들에 이르는 인류의 조상들을 추적한다. 이것은 역대기 기자가 이스라엘과 다윗 계열의 선택된 백성의 뿌리를 밝힐 뿐만 아니라, 어떻게 노아의 세 아들 중에서 오직 한 사람, 셈(참조, 창 9:26~27)을 통해서 구속의 축복이 발생했는가를 보여준다.

2. 야벳의 족보(1:5~7)

1:5~7 여기에서는 보통 노아의 아들들의 이름을 기록한 것과는 역순으로 야벳을 첫 번째로 언급했다. 인종적, 또는 지리적인 이름들로서의 이들 명칭과 다른 특징들의 확인을 위해서는 창세기 주석 10장 2~4절의 주해를 보라.

3. 함의 족보(1:8~16)

1:8~16 여기서의 목록은 창세기 10장 6~8절, 13~18절과 거의 같다. 니므롯에 관한 짧은 설화가 있는데(대상 1:10. 참조, 창 10:8~12), 이것은 역대기 기자가 사전에 창세기의 족보들을 알고 있었다는 것을 보여준다.

4. 셈의 족보(1:17~27)

1:17~23 셈 계열의 자취는 야벳과 함의 계열 뒤에 나타나는데 이것은 신학적으로 가장 중요하기 때문이다. 셈 가계(즉 셈족)는 아브라함, 이스라엘, 그리고 다윗으로 이어지는 노아 계열의 가계이다. 이 목록 첫 번째 부분에 대한 성경적 근거는 창세기 10장 22~29절이다.

1:24~27 셈의 이 족보에 나와 있는 첫 다섯 이름(셈에서 벨렉까지)은 그의 자손 중에서 중심 인물인데, 17~19절에 이미 설명된 것을 다시 간단히 소개했다. 덧붙여서 다른 다섯 이름들이 수록되어 있다(르우를 지나서 아브람까지. 참조, 창 11:18~26). 이 중에서 생략된 것은 아브람의 형제들 즉, 나홀과 하란이다 창세기 11장 26절에서 찾을 수 있다. 역대상 1장 26절의 나홀은 아브라함의 조부이며 그의 형제가 아니다). 아브라함의 형제들은 아담에서 다윗에 이르는 혈통에 속하지 않기 때문에 역대기 기자가 뺀 것으로 보인다.

5. 아브라함의 족보(1:28~34)

1:28~31 이 부분은 어머니에 따라 구분된 아브라함의 후손들을 중심으로 배열되어 잇다. 첫 번째로 이스라엘의 자손 하갈의 아들이 나타난다(참조, 창 25:12~16). 여러 이스라엘 가계의 시조로서 아랍 족속은 역대기 기자의 역사적 견해로 중요한 사람들이었다(참조, 대상 27:30; 대하 17:11; 21:16; 22:1; 26:7; 느 2:19; 4:7; 6:1).

1:32~33 이 두 번째 부분은 아브라함의 첩 그두라의 후손들을 나열하고 있는데 그들은 창세기 25장 2~4절에 기록되어 있다. 흥미로운 것은 역대기 기자가 드단(창세기 25장 3절하에 나타나 있는)의 자손들을 빠뜨린 일인데, 그것은 아마도 '드단족'이 유다로부터 지역적으로 떨어져 있기 때문인 것 같다(참조, 렘 25:23).

1:34 이 세 번째 부분에서는 이삭, 즉 사라의 아들을 통한 아브라함의 가문만을 소개하고 있다. 또한 이삭의 두 아들인 에서와 이스라엘(야곱)을 언급하고 있는데, 나중에 그들 고유의 족보들이 35~54절(에서 계열)과 2~7장(야곱 계열)에 계속된다.

6. 에서의 족보(1:35~54)

1:35~42 에서의 자손들은 에돔 땅에 정착했는데(참조, 창 36:8) 에돔은 사해 동쪽과 남쪽이었다. 먼저 에서의 아들들(대상 1:35~37)이 나오고 나중에 '에돔을 다스렸던 왕들'(43~54절)이 나온다. 어떤 성경

번역에서는 딤나(36절)가 엘리바스의 아들인 것으로 나타난다. 그러나 히브리어에서 딤나란 이름은 여성으로서 창세기 36장 12절에서 그녀는 엘리바스(에서의 아들)의 첩으로 지칭되며, 또한 아말렉의 어머니이기도 하다. 역대기 기자는 딤나를 언급하면서 그녀를 '세일인'(대상 1:38~39. 그녀는 세일의 딸이었다), 즉 에돔 족 이전의 원주민으로 정의했다. 이후에 역대기 기자는 그녀의 가족 관계를 언급했다(38~42절). 대개의 히브리어 사본들 가운데에서 네 가지 이름이 약간의 철자 변화가 있다는 점을 제외하고는 창세기 36장 20~29절의 순서와 일치한다(참조, NIV 난외주. 알란, 대상 1:40; 하므란, 41절; 야아간, 42절; 디산, 42절). 게다가 에서의 부인들은 창세기 36장에 언급되어 있으나 역대상 1장에는 기록되어 있지 않다.

1:43~54 에돔의 왕들의 이름은 철자와 변화가 많지 않다는 문제를 떠나 창세기 36장 31~43절과 같이 여기에도 그 이름이 기록되어 있다. 이들 에돔의 왕들은 달리 알려져 있지는 않지만, 에돔인들은 이스라엘과 유다와 아주 가깝게 매우 오랜 기간 관계를 가져왔으므로 역대기 기자가 그들에게 관심을 가지고 있다는 것은 놀라운 일이 아니다.

B. 유다의 족보(2장)

1. 유다의 아들들(2:1~4)

2:1~4 마침내 저자는 그의 신학적인 관심의 대상들에 도달하였다. 다윗과 다윗 왕조는 유대인들이었으므로 이스라엘의 열두 아들들을 기록한 후에(2:1~2) 유다의 족보를 그들 중 가장 먼저 살펴보는 것은 (2:3~4:23) 당연한 일이다.

2:3~4 유다의 아들들의 지저분한 이야기(창 38장) 대목에서 그들 중의 둘은(에르와 오난) 하나님께서 치셨으며, 셋째(셀라)는 다말에 의해 간접적으로 나타나지만 여기에서 논의되지 않았다. 역대기 기자는 베레스를 지나서 다윗의 가족에 이르는 혈통을 따르기 위하여 유다의 두 아들(베레스와 세라)을 소개하고자 했다.

2. 베레스와 세라의 족보들(2:5~8)

2:5~8 이 본문에서는 아갈(또는 아간)이 갈미의 아들로 기록되었다(7절). 그러나 갈미의 아버지가 전혀 언급되어 있지 않고, 베레스와 세라의 계보에서 단지 선택적이고도 대표적인 자손들('아들'은 종종 이후 세대의 자손을 의미한다)만을 언급한다. 아마도 시므리(6절)는 삽디의 변형된 철자법인 것 같은데, 그것은 아간의 범죄(수 7장)에 관한 이야기에서 아간은 갈미의 아들이었고 갈미는 세라의 자손인 삽디(수 7:1)의 아들이었기 때문이다. 세라(BC 1877년경 출생)로부터 아간에 이르는 기간이 거의 500년이 되는데, 네 세대의 시대라고 하기에는 너무도 길다. 역대기 기자가 세라를 언급한 후 에단, 헤만, 갈골, 다라를 우선적으로 소개하고 있는데, 모두가 사실상 세라를 조상으로 하는(참조, 왕상 4:31 주해) 마홀의 아들들이며, 그들은 솔로몬과 비교될만한 축복받은

현인들이었다(왕상 4:31; 시 89편 제목).

3. 헤스론의 족보(2:9~41)

2:9~20 유다의 아들인 베레스의 아들 헤스론을 지나면서 선택 받은 혈통이 계속 이어진다. 룻기 4장 18~21절에 나오는 혈통에서 그 자손은 다윗에게까지 이르게 된다(대상 2:9~15). 그 혈통은 또한 다윗의 직계 가족과 이복누이들을(대상 2:16~17) 포함한다. 이곳에서 언급되는 갈렙은 헤스론의 다른 아들로서 여호수아의 동역자였던 그 갈렙은 아니다(대상 2:9의 히브리어 '글루배'는 갈렙의 다양한 철자 가운데 하나이다. 참조, 42절). 그의 혈통은 18~20절에 계속되며 나중에 42~55절에 또다시 나타난다.

2:21~24 스굽은 헤스론의 또 다른 아들인데, 므낫세의 아들이며(창 50:23) 길르앗의 아버지인(민 26:29) 마길의 딸로 태어났다. 길르앗의 이름은 요단강을 가로지르는 상류 지역에 주어진 이름이었다. 그술과 아람(길르앗의 북동쪽 지역)으로부터 길르앗의 60개 마을들을 **빼앗은** 사건은 구약의 다른 곳에는 알려져 있지 않다. 다른 아들은 그의 처인 아비야와 헤스론의 유복자로 태어난 아스훌이다.

2:25~41 헤스론의 맏아들, 여라므엘(9절)은 마지막에 언급되었다. 그의 가계의 후손들은 이곳에만 나타난다. 그러나 여라므엘 사람들은 다윗 시대에 유다와 밀접하게 관련된 일족으로 생각된다(삼상 27:10).

4. 갈렙의 족보(2:42~55)

2:42~55 헤스론의 셋째 아들(9절)인 갈렙의 가문은 18~20절에 간단히 소개되었다가 여기에 확장되어 기록된다. 이 이름들 중의 많은 것들이 지명으로서 이외 여러 곳에 나타난다(참조, '십,' 수 15:24; '마레사,' 수 15:44; '헤브론,' 수 15:54; '답부아,' 수 15:34; '레겜,' 수 18:27; '세마,' 수 15:26 등). 그 관계가 입증된 것은 아니지만 이 지명의 땅은 대부분이 유다에 있는 것으로 보아 아마도 이곳에 기록된 많은 갈렙 계보의 사람들에 의하여 발견되었을 것이다. 특별히 흥미로운 것은 베들레헴과의 관련성인데(대상 2:51, 54) 그곳은 다윗과 예수님의 탄생지이다. 그 마을은 갈렙의 부인 에브라타가 낳은 갈렙의 증손자가 개척했거나 또는 이름을 지은 곳이다(50절. 19절에서는 에브랏으로 기록되었다). 베들레헴과 에브랏의 결합은 아기를 낳다가 죽은 라헬의 이야기에 나타나는데(창 35:19) 그곳에서는 연대상 오기로 사용되었고, 룻기 4장 11절에서는 룻의 축복과 관련하여, 미가 5장 2절에는 메시아의 탄생과 관련하여 나타난다.

C. 다윗의 족보(3장)

마치 유다 족보의 커다란 흐름을 방해하는 것처럼 다윗의 가문이 나타난다. 이것은 그가 베레스-헤스론 가문을 계승했고, 그 자신의 후손이 유다 역사의 마지막까지 이어져 내려간다는 사실(역대기 기자의 역사적 견해로 볼 때)을 확실히 하기 위함이다.

1. 다윗의 아들들(3:1-9)

3:1~9 비록 솔로몬이 다윗으로부터 계승된 유력한 가문의 아들이었지만(22:9~10), 계보상 완전함을 위하여 다윗의 다른 아들들이 포함되었다(3:1~9). 이 목록은 사무엘하 3장 2~5절과 비교할 수 있는데, 그곳에서 사무엘하 기자는 아비가일의 둘째 아들의 이름을 제외하고는 일치한 명단을 기록했다(참조, 사무엘하 3장 2~5절 부근의 '다윗의 가문" 도표). 역대기 기자는 그를 다니엘로 부른 반면에 사무엘하 3장 3절에는 길르압으로 되어 있다. 그가 두 가지 이름을 가졌을 수도 있지만 역대기 기자가 최소한 독창성 없이 사무엘하서의 경우를 따르지 않았다는 것은 분명하다. 헤브론에서 태어난 여섯 아들들의 이름에(대상 3:1~4절상) 뒤이어 예루살렘에서(4절하~8절. 참조, 삼하 5:14~16의 일치되는 목록) 태어난 다윗의 아홉 아들들의 이름이 계속된다. 이들 중의 넷이 밧세바(히브리어에는 밧수아인데 철자의 변형 형태. 참조, NIV 난외주)가 낳은 아들들이다. 이것은 역대기에서 그녀가 언급된 유일한 부분이다(이것에 대한 논평은 서론을 보라). 또한 엘리벨렛(역대상 3장 6절의 인물)과 노가(7절)는 사무엘하에 포함되지는 않았지만 역대상 14장 4~7절(해당 구절의 주해를 보라)에 다시 언급되었다. 아마도 두 엘리벨렛(3:6, 8)이 기록된 것은 하나는 죽고 다른 하나는 나중에 태어나서 그의 이름을 가진 것을 의미하는 것 같다. 노가 역시 죽었으며 사무엘하에서는 다만 생존한 아들들의 이름을 보존하고 있는 것일 터이다.

2. 솔로몬의 자손들(3:10~24)

3:10~24 솔로몬의 자손들의 이 목록은 사실상 솔로몬으로부터 시드기야(10~16절)와 그들의 포로기와 포로가 된 이후의 지속시기(17~24절)를 지나는 유다 왕의 목록이다. 아달랴는 아하시야와 요아스 사이를 통치한 여왕이었는데 여기서 언급되지는 않았다(11절). 그녀는 단지 정치적 찬탈자일뿐 진정한 왕위의 계승자는 아니었기 때문이다(참조, 왕하 11장). 요시야의 아들들 중에는 요하난(대상 3:15)은 달리 알려져 있지 않다. 여호아하스가 여호야김(참조, 왕하 23:36)보다 어리기 때문에 그가 여호아하스(왕하 23:31)일 수는 없을 것이다. 이것은 살룸(대상 3:15)이 비록 요사야의 두 번째의 어린 아들이지만 왕위에 있어서 그의 형제들보다도 앞섰던(참조, 렘 22:11~12) 여호아하스와 일치한다는 것을 의미한다.

역대기 기자에 의해 이어지는 왕위 계승의 남은 사람은 여고냐이다(히브리어. 참조, 대상 3:16의 NIV 난외주. 여호야긴으로도 알려져 있다. 참조, 17절과 왕하 24:8, 렘 22:24의 고니야, 난외주). 그 후에 브다야(대상 3:18), 스룹바벨(19절), 하나냐(19절), 스가냐(21절), 스마야(22절), 에료에내(23절), 그리고 호다위야(24절)로 이어진다. 여기서 세 가지 문제점이 제기되어야 한다. 첫째로, 스룹바벨(19절)은 다른 곳에서 스알디엘로 불렸는데 브다야의 아들이 아니었다(스 3:2, 8; 5:2; 느 12:1; 학 1:12, 14; 2:2, 23; 마 1:12; 눅 3:27). 스알디엘과 브다야가 형제들이므로(대상 3:17~18), 최선의 해답은 스알디엘이 일찍 사망하고 그의 왕위 계승의 역할이 그의 어린 동생인 브다야에게 돌아간 것으로 추측하는 것이다. 두 번째 문제는, 스알디엘을 솔로몬이 아닌 다윗의 아들인 나단의 자손 네리의 아들로 정의한 누가의 기록과 관련된 족보이다(눅 3:27~31). 여고냐가 왕위에 앉을 남자 상속자를 갖지 못했기 때문에(참조, 렘 22:30), 여고냐의 딸이 나단의 계열에 속한 멜기의 아들인(눅3:27~28. 눅 3:24의 멜기가 아니다) 네리와 결혼한 가능성에 그 해답이 있을 수 있다. 법적으로 스알디엘은 여고냐의 손자로서 솔로몬을 경유하는 다윗 왕조를 계승할 수 있었으며 이런 견해는 마태가 지지했다(마 1:6~12).

세 번째 모순은 스룹바벨의 계열 속에서 나타난다. 역대기 기자는 스룹바벨의 일곱 아들과 딸 하나를 기록하고 있다(대상 3:19절하~20). 그러나 그들 중에서 마태나 누가의 족보 가운데에 언급된 사람은 아무도 없다. 마태는 다윗에서 솔로몬을 지나는 예수의 혈통을 추적하였는데 스룹바벨의 아들이 아비훗(마 1:13)이라고 기록했다. 누가는 나단을 통하여 관찰하면서 레사가 그 아들이라고 말하였다(눅 3:27). 물론 누가복음의 스알디엘과 스룹바벨은 역대상의 그 인물들과 똑같지 않으며, 게다가 누가가 다윗으로부터 나단을 곧바로 지나는 마리아의 족보를 역대기 기자의 족보(참조, 누가복음 3:27 주해)와 아무런 연관이 없는 하나의 계승 족보로 보존하였다는 점은 가능하다. 이것은 이전에 언급한 두 번째 문제의 해결책을 불가능한 것으로 만들 것이다(실제로 여기서 제기된 문제 모두를 제거할 수 있을 것이다). 여기에서 여전히 역대상 3장 19절하~20절과 마태복음 1장 13절 사이의 다양성은 존재할 수 있을 것이다. 혹자는 아비훗이 역대기에 기록되었던 스룹바벨의 일곱 아들 중 한 사람의 다른 이름이든지, 또는 그의 이름이 처음부터 그 목록에서 빠져있는 것으로 추측할 수도 있을 것이라고 말한다. 스마야의 아들이 여섯이었지만, 역사가들이 단지 다섯 명만 기록했던 역대상

3장 22절을 볼 때 가능할 것이다.

D. 유다의 족보(4:1~23)

역대기 기자는 다윗의 혈통을 전문적이고 상세하게(3장) 추적하면서 전체적인 유다의 족보로 돌아오게 되었다. 여기서의 그의 주장은 (a) 계보론적이면서 지리학적인 지식을 준비하며 (b) 유다를 첫 번째로 다루고 그들에게 할당된 지역 속에서 저항했던 과거를 호소함으로써 (4:22절하) 부족들 사이에서 유다 지파의 역할의 탁월성을 보여주는 데 있었다.

4:1~7 1절은 전체 목록에 대한 표제인데 유다의 자손들로 명명된 다섯 사람을 관찰함으로써 실제로 그들이 연속되는 세대들이라는 점이 분명해진다(참조, 2장). 르아야(4:2)는 의심할 나위 없이 하로에와 동일하며(2:52), 또한 소라족의 시조였는데 그 부족에서 삼손이 출생한(삿 13:2) 가계로 더 잘 알려져 있었다. 훌족은(훌의 자손들, 대상 4:3~4; 참조, 2:19~20, 50~51) 베들레헴족의 가계로 식별되었다. 아스훌 일가는(4:5~7) 드고아(한 지혜로운 여인과[삼하 14:2] 예언자 아모스의[암 1:1] 마을)를 세웠던 일족이었다.

4:8~15 야베스(8~10절. 참조, 2:55)는 그 조상의 뿌리의 윤곽이 나타나 있지 않으나 하나님의 축복을 구하고서는 그 축복을 얻게 되었다.

그의 이름을 본 따서 지은 마을은 서기관들의 본산으로 유명해졌다. 레가인들(레가 사람. 4:11~12)은 달리 나타나 있지는 않다. 그러나 그나스인들은(13~15절) 여호수아의 동역자인 갈렙과 그의 양자인 옷니엘(이스라엘의 첫 번째 사사)을 배출한 유력한 일족이었다. 갈렙은 정복 설화(수 14:6)에서 그나스인으로 불렸고 옷니엘은 갈렙의 어린 동생이었던(삿 1:13) 그나스의 아들로 불렸다. 이들은 명백히 일족의 창시자와는 다른 그나스인이었으며, 역시 이름이 같은(대상 4:15) 갈렙의 손자와도 구별되어야 한다.

4:16~20 여할렐렐과(16절) 에스라와(17~18절), 호디야(19절), 그리고 시몬의(20절) 자손들은 성경에서 오직 이곳에만 언급되어 있다. 18절에는 에스라의 아들인 메렛(17절)이 이집트인 바로의 딸과 결혼하였다는 재미있는 이야기를 포함하고 있다. 이 사실로서 모세 시대 이전에 이 일족의 기원에 대한 시기를 알 수 있는데, 그 시대에는 이스라엘이 계속하여 이집트와 우호관계를 맺고 있었다(참조, 출 1:8).

4:21~23 유다의 족보는 셀라의 가족에 대한 간단한 요약으로 끝을 맺고 있는데(21~23절) 그는 수아(2:3)가 낳은 유다의 가장 어린 아들이다. 셀라는 다말의 남편으로 약정되어 있었다(참조, 창 38:5, 11, 14). 그의 자손들은 세마포를 짜는 일과(대상 4:21) 도자기 굽는 일에 종사했으며(23절) 고대 시대 모압을 다스렸다.

E. 시므온의 족보(4:24~43)

4:24 시므온은 그 부족에 할당된 영지를 받지 못하고 결국에는 유다로 흡수되었기 때문에(참조, 수 19:1~9) 유다 다음으로 기록되었다. 역대 상 4장 24절에 나타난 아들들은 철자에 다소간 변형이 있고 오핫이 첨가되어 여섯 개의 이름이 나타난 창세기 46장 10절과는 다소 다르다. 출애굽기 6장 15절의 이름들은 창세기 46장 10절의 이름들과 완전히 일치한다. 민수기 26장 12~13절의 목록은 다만 셋째 아들로서 야립을 야긴으로 쓴 점이 다를 뿐 역대기 기자의 해석과 거의 일치한다.

4:25~43 시므온 족보의 남은 인물들은 구약성경와 병행 구절이 없다. 흥미로운 점은 시므온인들의 인구가 많이 증가하지는 않았지만(27절) 유다의 어떤 한정된 지역에 제한되었는데 그곳은 주로 느게브의 남중앙 지역이었다(28~33절). 결국 그들은 번영했는데 그것은 특별히 원래의 함족 거주민(39~40절)들로부터 취한 비옥한 초장에 의해서였다. 만약에 그돌(39절)이 그랄(70인역에는 그랄라로)로 읽혀져야 한다면 그곳은 느게브 윗쪽의 서쪽 부분에 위치하고 있으며 오늘날의 가자와는 그리 멀지 않은 곳이다. 이 사실은 이집트 민족인 함 족속이(40절) 어떻게 해서 그곳에 있게 되었는가를 설명해 주고 있는데, 그 이유는 이집트가 몇 킬로미터밖에 떨어져 있지 않았기 때문이었다. 역대기 기자는 함족의 격렬한 이동이 히스기야 시대에(BC 715~686)일어났으며, 모우님 사람들을 진멸시켰다(41절)고 지적한다. 이 사람들은 느게브에서의

웃시야의 행적(대하 26:7)과 관련되어 다시 언급되지만 더 확인할 수는 없다.

히스기야의 시대에 500명의 시므온 사람들은 동쪽으로 흩어지고 세일의 언덕 마을(에돔의 산과 이름이 같다)로 가서 다윗의 시대로부터(대상 4:42~43. 참조, 삼상 30:16~20) 그곳에서 살고 있었다고 추정되는 아말렉 사람들을 물리쳤다.

F. 요단강 건너편의 부족들의 족보(5장)

남아 있는 부족들의 족보들 가운데에서 르우벤은 순서상 합당한지는 다소 알기 어렵지만, 이스라엘의 장자로 이름 지어졌기 때문에 바로 다음에 소개된다. 갓(11~22절)과 므낫세의 동쪽의 반 지파(23~26절)는 모두 요단강 동쪽에 위치하고 있었기 때문에 르우벤 다음으로 기록되었다.

1. 르우벤(5:1~10)

5:1~2 르우벤의 계보는 거룩한 은혜에서 벗어나 그 부족이 타락한 것과 유다 계보로 그 은혜가 대체된 것에 대한 설명과 함께 소개된다. 야곱의 장자로서 르우벤은 원래 지도자의 자격과 계약된 축복이 그에게로 전승될 아들로 기대되었다. 그러나 르우벤은 그의 아버지의 첩인 빌하와 간음해서(창 35:22) 그의 특권이 박탈되었다. 그 후에 장자의 권리

는 요셉(즉, 요셉의 아들인 에브라임과 므낫세에게로. 창 48:15~22)에게로 돌아갔으며, 유다를 통하여 통치자(다윗)가 나왔고 또 그를 통하여 주권자 예수 그리스도(참조, 창세기 49:8~12 주해)가 나왔다.

5:3~10 르우벤의 족보는 그의 네 아들들과(참조, 민 26:5~11) 이후에 선택된 부족 대표를 포함한다. 요엘이라는 사람(대상 5:4)에게서 디글랏 빌레셀 3세(BC 745~727)가 사마리아를 정복하였을 때 포로로 잡았던 브에라(6절)가 태어났다. 그 무렵 르우벤 사람들은 요단강 건너편의 모든 지역을 점령하고 있었는데, 아르논 강(아로엘이 그 강 위에 있었다)에서 북의 느보까지의 지역뿐만 아니라 길르앗(요단강의 동쪽)과 북쪽과 북동쪽으로는 유브라데 강에 이르는 곳까지 포함하고 있었다. 하갈족과의 전쟁에 관하여서는 18~22절의 주해를 보라.

2. 갓(5:11~17)

5:11~17 갓 족속은 바산에 거주하였는데, 긴네렛 바다의 남쪽과 동쪽, 그리고 야르묵 강의 북쪽에 있었다. 길르앗과 바산(16절) 사이에는 명확히 구분된 경계선이 없었으므로 의심 없이 동쪽의 부족들은 오히려 자유로이 섞여 살았다. 갓 자손들은 이곳 외의 다른 곳에는 나타나지 않으며 그 이름들은 이스라엘의 여로보암 2세(BC 793~753)와 유다의 요담 왕(BC 750~735) 때의 문서에 기록되어 있다.

3. 동쪽 부족들의 공훈(5:18~22)

5:18~22 역대기 기자는 동쪽 지파들의 일상사였던 군대 문제를 논하기 위하여 족보를 잠시 중단했다. 역대기 기자는 하갈 사람들(10절)과 그들의 동맹국들과의 전쟁을 상세히 기록했다. 요단 건너편의 부족들은 그들의 44,760명의 군인들과 함께 그들의 기도에 대한 응답으로서 주목할 만한 승리를 달성했다. 포획한 가축의 숫자가 막대한 것은(21절) 그 지역이 양들이 풀을 뜯기에 비옥하다는 사실을 나타내고 있다. 이는 사울의 시대에 생긴 일이었는데(10절) 아마도 사울의 암몬 사람들과의 전쟁과(참조, 삼상 11:1~11) 연관된 것 같다. 하갈 사람들은 현재 앗수르의 비문으로 알려진 바에 의하면 포로기까지(5:22) 승리를 거두었던 이스라엘 사람들에 의해 대치되었는데, 아마도 BC 734년에 있었던 디글랏 빌레셀 3세에 의해 일어났던 얼마간의 이스라엘 사람들의 앗수르 포로기를 말하는 것일 것이다(BC 722의 이스라엘의 앗수르 포로기와 혼동해서는 안 된다).

4. 므낫세 반 지파(5:23~26)

5:23~26 여기서의 반 지파는 요단강 동쪽에 영토를 할당받았는데 남쪽의 갓으로부터 북쪽으로 헤르몬 산까지이다(참조, 민 32:39~42; 신 3:12~17; 수 13:29~31). 비록 그들의 지도자들이 전쟁의 공훈으로 유명했지만 그들은 백성들이 간음하도록 했다. 그 결과로 르우벤 사람들과 갓 사람들이 같이 붙잡혀 이송되었는데 그것은 앗수르의 왕 불(디글랏 빌레셀 3세)에 의한 것이었다. 그들이 보내진 장소들에 대해서 열왕

기하 17장 6절의 주해를 보라. 할라의 위치는 열왕기하에는 언급되지 않았는데 아직까지 확인되지 않는다.

G. 레위의 족보(6장)

1. 레위의 자손들(6:1~15)

6:1~3상 레위의 족보는 모세와 아론이 포함된 혈통을 언급함으로써 시작했는데 이것은 그들의 분명한 중요성 때문이다. 레위의 세 아들들을 언급한 후에 역대기 기자는 그핫과 아므람을 통한 그의 자손에 집중했다. 레위의 죽음과 모세의 출생 사이의 기간(BC 1800~1526경)은 더 긴 이름들의 목록(참조, 민 26:58~59 주해)을 보여주는 연속된 계보(레위-그핫-아므람-모세)를 요구한다. 이곳의 이름들은 아마도 부족, 지파, 가족, 개인으로서 각각 연관되었을 것이다(참조, 수 7:16~18). 이 목록의 의도가 대제사장 계열을 추적하는 데 있으므로 모세는 이곳에서 더 이상 언급하지 않았다.

6:3하~15 아론은 첫 번째 대제사장(출 28:1)이었으며 그의 자손들은 그들 각자의 족보를 뒤따랐다. 이곳의 목록은 철자의 변화가 적은 여섯 이름, 즉 므라욧으로부터 아사랴까지(6:7~10)의 이름 중 에스라가 생략된 것을 제외하고서 에스라 7장 1~5절의 목록과 일치한다. 역시 역대기 기자는 여호사닥을 느부갓네살에 의해 포로로 잡혔던 스라야의

아들이라고 지적하고 있다(14~15절). 그러나 에스라는 그 자신을 스라야의 아들이라고 증거했다(스 7:1). 에스라가 BC 500년 훨씬 이전에 태어날 수는 없었을 것이고 바벨론 포로기 시대는 BC 586년이었으므로, 엄격한 의미에서 그가 스라야의 아들이 아닌 더 먼 후손임을 뜻하는 것이 틀림없을 것이다. 이들 병행 목록들 속에 첨가 및 생략된 일들은 성경 학자들로 하여금 그 족보의 세부 내용이 언제나 완전하다고 추측하지 못하게끔 만들었을 것이다. 편집자들은 언제나 어떤 이름들은 포함시키고 다른 것들은 포함하지 않는 것에 대한 특정한 이유를 가지고 있었다. 역대기 기자의 이스라엘에 대한 신학적 관점은, 하나님께서 유다와 예루살렘을 느부갓네살를 통해 포로가 되게 하셨을 때에 아론 계열의 마지막 제사장이 이송되었다는 해석에서 나타난다(6:15. 참조, 북왕국의 유배. 5:22, 26).

2. 레위의 다른 자손들(6:16~30)

6:16~21 역대기 기자는 레위의 아들들과 손자들(16~19절), 유력한 인물들과 같은 후손들을(20~30절) 그 다음에 개괄했다. 역대기 기자는 일곱 세대를(20~21절) 포함하는 계열인 게르손부터 시작했다(히브리어로는 '게르솜'으로 철자의 변형이다. 난외주 참조. 그러나 그 이름이 의미하는 바는 항상 게르손이다. 참조, 출 6:16).

6:22~30 다음이 그핫으로서 아론의 조상일 뿐 아니라(2~3절) 예언자이자 제사장인 사무엘의 조상이기도 한 레위의 아들이다. 그핫의 아들인 암미나답(22절)은 이스할(참조, 2, 18, 38절)로 달리 알려져 있다.

반면에 아론은 그 당시 그핫 사람이었고 제사장 계열의 시조였으며, 사무엘은 그핫 사람이었지만 대제사장으로서의 역할을 하지 못했다. 그렇지만 사무엘은 성전에서 직무를 수행하는 일과, 나중에는 제사(민 3:27~32. 참조, 삼상 1:21; 2:11; 9:11~14 등)를 포함하는 다른 사역들을 수행하는 일을 할 수 있었다(그리고 행했다). 끝으로 레위의 셋째 아들인 므라리의 자손들, 특별히 말리(6:29~30)에게서 난 자손들이 기록되었다.

3. 레위인 음악가들(6:31~48)

6:31~38 이 구절에는 다윗의 레위인 세 가계를(31~32절) 지명했던 성전 음악가들의 이름이 포함된다. 그핫 사람의 목록은(33~38절) 헤만(2:6의 헤만이 아님)으로부터 시작되는데 그는 요엘의 아들이며 사무엘의 손자이다(6:33). 사무엘의 가계가 계속해서 추적되고 있다(참조, 27~28; 삼상 1:1. 이 구절에 똑같은 이름이 숩이란 이름으로 나타난다. 역대상 6장 35절에는 경미한 철자의 변화와 함께, 즉 엘리후 대신에 엘리엘로 나타난다. 또한 도후[26절에는 나핫으로 불리워짐]는 도아로 등장한다). 이 그핫인 족보의 구절이 근본적으로는 22~28절과 일치하지만, 그 차이점들은 역대기 기자가 편집에서 두 개의 다른 자료들을 사용할 수 있었음을 충분히 암시할 정도로 중대한 것이다. 고라와 에비아삽 사이에 있는 두 종족들(앗실과 엘가나, 22~23절)이 37절에는 기록되지 않았다. 그리고 철자의 변화들(또는 다른 개인들임)이 여섯 가지 예들 가운데에서 발생했는데, 엘리엘(34절)이 엘리압으로(27절), 도아는(34절) 나핫으로(26절), 숩(35절)은 소배(26절)로, 요엘(36절)은 사울

로(24절), 아사랴(36절)가 웃시야(24절)로, 그리고 스바냐(36절)가 우리엘(24절)로 된 것이다. 재미있는 것은 이 족보에 네 명의 엘가나가 있다는 것이다(23, 25[36절에 나오는 인물과 같은 자], 34~35절).

6:39~43 게르손 족의 순서는 아삽과 함께 시작되는데 그는 성악가와 시인(참조, 시 50; 73~83편 표제)으로서 유명하다. 명부의 나머지 사람들에 대해서는 이전의 구절(6:20~21)에서 발견되지 않은 이름들이 많이 있다.

6:44~48 므라리의 가수들은 에단(9:16에서 여두둔으로 불림)으로부터 시작되어 무시(6:47)를 낳은 므라리로 거슬러 올라간다. 이 명칭이 초기의 이름(29~30절)의 반복이 아닌 것은 그 이름들을 단순 병렬하지는 않았기 때문이다. 므라리의 아들인 말리(29절)는 무시의 아들인 말리(47절)와 다른 인물이다. 므라리는 말리와 무시(19절)라는 두 아들을 가졌는데 말리의 계승이 29~30절에 나타나며 무시는 47~48절에 나타난다. 이 구절 전체(31~47절)의 의도는 다윗의 주요한 음악가들(헤만, 아삽, 에단)에 대하여 그들의 순수한 레위인 혈통을 서술함으로써 그 사역을 정당화하려는 데 있다.

4. 아론 계열의 제사장들(6:49~53)

6:49~53 찬양 사역이 레위 족장들에 의해서 행해졌던 것(31~48절)과 달리 속죄의 제사가 아론의 후손들에 의해 행해졌다. 다윗 당시의 사독인 제사장직에 대한 타당성을 강조하기 위하여 역대기 기자는 아

론으로부터 사독의 아들 아히마아스까지의 아론의 가계를 다시 밝히고 있다(참조, 3~8절).

5. 레위 족속의 거주(6:54~81)

6:54~81 레위 족속이 정착한 땅은 처음에 등장했던 그핫 족속에 의해 다시 묘사되고 있다(참조, '여호수아 21장과 역대상 6장에 기록된 레위인 마을들' 도표). 성읍의 일부는 제사장의 역할을 맡은 그핫 족속을 위한 것(57~60절)이고 나머지는 제사장의 임무를 맡지 않은 그핫 족속을 위한 것이다(61, 64~70절). 베냐민이 얻은 성읍 중의 하나는 아나돗 (60절)이다. 예언자 예레미야는 아나돗에서 성직을 맡은 자의 자손이므로 그핫 족속이어야만 한다(렘 1:1).

게르손 족속은 잇사갈, 납달리, 아셀, 동쪽의 므낫세(6:62) 족속 가운데서 13개 성읍에 거주하게 되었다. 이 성읍들에 대해서는 71~76절에 호명되어 있고 잇사갈 족속에 있는 게데스와 같은(72절) 중요한 도시인 납달리의 게데스를 포함하고 있다(76절).

므라리 족속에게는 스불론 지파와 르우벤 지파 및 갓 지파에게서 성읍이 주어졌다(77~81절). 모두 합해서 48개의 성읍들은 레위 족속의 필요에 따라서 계획된 것인데(참조, 수 21:41), 그것은 그 부족이 부족별 분배에 있어서 아무것도 할당된 것이 없었기 때문이었다(참조, 민 35:1~8).

여호수아 21장과 역대상 6장에서 기록된 레위의 성읍들		
유다와 시므온 지파에서 제사장이었던 그핫 족속을 위한 성읍들	**여호수아 21:9~42** 헤브론 립나 얏딜 에스드모아 홀론* 드빌 아인* 윳다 벧세메스	**역대상 6:54~81** 헤브론 립나 얏딜 에스드모아 힐렌* 드빌 아산* (윳다)+ 벧세메스
베냐민 지파에서 제사장이었던 그핫 족속을 위한 성읍들	기브온 게바 아나돗 알몬*	(기브온)+ 게바 알레멧* 아나돗
에브라임 지파에서 제사장이 아니었던 그핫 족속을 위한 성읍들	세겜 게셀 깁사임‡ 벧호론	세겜 게셀 욕므암‡ 벧호론
단 지파에서 제사장이 아니었던 그핫 족속을 위한 성읍들	엘드게 깁브돈 아얄론 가드림몬	- - 아얄론 가드림몬
서편의 므낫세 지파에서 제사장이 아니었던 그핫 족속을 위한 성읍들	다아낙‡ 가드림몬‡	아넬‡ 빌르암‡
동편의 므낫세 반 지파 중에서 게르손 족속을 위해서 준 성읍	골란 브에스드라*	골란 아스다롯*
잇사갈 지파 중에서 게르손 족속을 위해서 준 성읍	기시온‡ 다브랏 야르뭇* 엔간님*	게데스‡ 다브랏 라못* 아넴*
아셀 지파 중에서 게르손 족속을 위해서 준 성읍	미살* 압돈 헬갓* 르홉	마살* 압돈 후곡* 르홉

(베냐민 지파 행에서 "아나돗"과 "알몬*"은 역대상의 "알레멧*"과 "아나돗"에 교차하여 연결됨)

납달리 지파 중에서 게르손 족속을 위해서 준 성읍	게데스 함못 돌* 가르단*	게데스 함몬* 기랴다임*
스블론 지파 중에서 므라리 족속을 위한 성읍들	욕느암 가르다 딤나* 나할랄‡	(욕느암)+ (가르다)+ 림모노* 다볼‡
르우벤 지파 중에서 므라리 족속을 위한 성읍들	베셀 야하스* 그데못 므바앗	베셀 야사* 그데못 메바앗
갓 지파 중에서 므라리 족속을 위한 성읍들	라못 마하나임 헤스본 야셀	라못 마하나임 헤스본 야셀

* 12쌍 각각의 두 도시는 철자법만 약간 틀릴 뿐이다.

+ 이들 4개의 도시들은 히브리어 성경 역대상에는 포함되지 않았다(참조, NIV). 아마도 이 도시들은 여호수아에게 지목되었을지라도, 이스라엘 족속들에 의해 정복되지 않은 것일 수 있다.

‡ 5쌍 각각의 두 도시들은 이름이 서로 다르다. 원래 여호수아(BC 1399경)에 의해 할당된 이 도시들은 거의 1,000년이나 후인 역대기 기자의 시기에는 그 이름이 바뀌었을 것이다(BC 400, 바벨론 유수에서 끌려간 이후가 된다). 또는 할당된 이 다섯 개의 도시들은 이스라엘 족속에 의해 정복되지 않은 것일 수 있다.

H. 북쪽 여섯 부족들의 족보(7장)

1. 잇사갈(7:1~5)

7:1~5 이 성읍의 후손들은 확실하게 밝혀져 있지 않다. 잇사갈의 아

들이 4명이 있다는 점은 창세기 46장 13절이나 민수기 26장 23~25절과 일치한다. 역대기 기자는 돌라의 가계에 대해서만 계속 밝히고 있다. 그는 또 한편으로 인구의 숫자를 기록하고 있는데 다윗의 시기에 돌라의 후손인 용사가 22,600명이고(7:2; 삼하 24:1~9), 웃시의 후손이 36,000명이요(7:4), 이름이 밝혀지지 않은 다른 종족의 인원 28,400명을 포함하여 모두 87,000명이라고 밝히고 있다(5절).

2. 베냐민(7:6~12)

7:6~12 이 계보는 다윗 이전의 역사 가운데 절정을 다루는 것으로서 8장에서 완전히 확장된다. 다만 북쪽의 다른 부족들에 대한 특징을 서술하는 것부터 간결하게 등장한다. 창세기 46장 21절에 베냐민의 10명의 아들들과 민수기 26장 38~41절에 5명과 역대기에 3명(7:6~7)과 5명(8:1~2)의 이름이 기록되어 있다 하더라도(베냐민의 10명의 아들들[창 46:21]을 설명하기 위하여 8장 1~5절에서는 일부의 손자들까지도 포함시켜서 기록했을 것으로 추측됨), 처음의 2명 벨라와 베겔은 창세기 46장 21절에 언급되어 있고 여디아엘이 아스벨(창 46:21; 민 26:38; 대상 8:1)과 동일한 인물이 아니라는 가정 하에 이곳에 기록된 것이다. 역대상 7장 6~12절에 있는 명단을 원상태로 해부해보면, 8장 3~5절에서는 9명의 아들이 있다고 기록되어 있으나 여기에서 벨라에게는 5명의 아들이 있는 것이 명백하게 드러난다. 또 한편 베겔에게는 9명의 아들이 있었으나(7:8) 8장 전체의 어느 곳에서도 언급되지 않았다. 역시 이와 유사하게 여디아엘의 아들 빌한(7:10)도 8장에는 보이지 않는다. 다른 후손은 언급하지도 않은 8장에 벨라의 후손만이 언급된 이유는 분명하다. 사울이 그의 계승자가 되었기 때문이다

(8:33).

숩빔 족과 훕빔 족은 벨라의 아들(7절의 '이리'가 '일'일 것이다)의 후손이다(7:12). 후심은 베냐민의 아들인 아헬의 아들이다(만일 아헬=아히람=아할라이고, 아히람/아할라가 베냐민의 아들이라면 그러하다. 민 26:38; 대상 8:1).

인구 수를 살펴보면 벨라의 후손들이 22,034명(7:7), 베겔의 후손들이 20,200명(9절), 그리고 여디아엘의 후손들이 17,200(11절)명이다. 학자들은 용사의 총합계 59,434명이라는 수는 베냐민 부족이 전쟁에 의해 많은 사람이 죽었고, 또 사사들의 시대에 600명으로 감소되었기 때문에 다윗의 시대와는 너무 많이 떨어져 있다고 생각한다(삿 20:44~48). 그러나 그 사건은 아마도 다윗의 조사보다 약 400년가량 앞서 있는 사사 시대 초기에 있었던 것으로(참조, 21:1~7) 600 가족 단위로 쉽게 확장될 수 있는 수치이다.

3. 납달리(7:13)

7:13 여기에 기록된 납달리의 네 아들들의 이름은 창세기 46장 24절과 민수기 26장 48~49절에 나타난 것과 동일하다(역대상 7장 13절에 있는 야시엘은 민수기 26장 48절에 있는 야셀일 것이라고 생각된다).

4. 므낫세(7:14~19)

7:14~15상 므낫세의 계보는 창세기에 나타나지 않았다. 므낫세는 그 당시 요셉 족속의 일부였다. 므낫세와 아람인인 그의 첩 사이에서 길르

앗의 아버지(참조, 민 26:29; 36:1)인 마길(17절하; 민 26:29; 수 17:1)이 태어났다. 므낫세의 후손인 아스리엘은 민수기 26장 29절에서는 언급되지 않았다. 마아가(대상 7:15~16)와 연관되어 있는 혈통은 마길의 누이, 심지어 그의 아내와 이름이 같다는 점에서 잘 설명되어 있다.

7:15하~19 마길을 통해 낳은 므낫세의 두 번째로 유명한 후손은 슬로브핫이다. 그는 자식이 없다는 것으로 특징지어진 인물이다(민 36:1~9; 수 17:3에 그의 다섯 딸들의 이름이 등장한다). 비록 가계가 마길과 (요단 건너편 므낫세의 영토에 살고 있는)그의 자손들에게 있어서는 중심이 되더라도, 요단의 서쪽에 있는 므낫세의 자손들은 스미다의 네 아들들(7:18~19)과 슬로브핫과 그의 딸들 및 아스리엘까지도(14절. 참조, 수 17:2~6) 마길의 누이 함몰레겟에 의한 것으로 기록되어 있다.

5. 에브라임(7:20~29)

7:20~24 요셉의 둘째 아들인 에브라임의 후손은 모세의 유능한 후계자인 여호수아(27절) 대에 와서 절정에 달했다. 에브라임의 맏아들 수델라는 이후의 두 번째의 수델라(20~21절)를 포함한 몇 세대의 가계를 이끌었다. 에브라임의 다른 두 아들 에셀과 엘르앗은 초기(BC 1200년 이전)의 가드 원주민에 의해 죽음을 당했다. 이 일은 그들의 아버지를 매우 슬프게 한 비극이었다(21~22절). 에브라임 자신은 기근(참조, 창 41:50~52) 이전에 이집트에서 태어났다. 이러한 일들은 이집트에서 일어났던 일이다(이 경우, 갓 사람은 에브라임의 아들들을 죽이려고 이집트로 내려간 것이다). 더욱 그럴 듯한 추측은 일부 이스라엘 족속이 이

집트에 살고 있었다 하더라도, 거기에서 농업에 종사하고 있던 사람들 조차도 계속해서 가나안으로 몰려갔다는 것이다. 이러한 주장에 힘을 보태는 것은 에브라임이 가나안 땅에 정착하여 벧호론과 우센세에라를 세우는 데 기반이 된 딸 세에라의 이야기이다. 다시 말하자면, 이 기록은 단지 이집트 체류기간에 이뤄진 것이다.

7:25~29 에브라임의 아들 레바의 가계에서 여호수아가 나왔다. 에브라임과 여호수아 사이에 여덟 세대가 포함되어 있다는 사실은, 이집트 체류자들이 에브라임의 아들들과 딸과 관련하여 발생한 두 사건 (21~24절)이 있기 전에 정착했다는 사실의 증거가 된다. 에브라임이 이전에 정복했던 땅은 28~29절에 보인다. 그 영역은 북쪽의 벧엘로부터 게셀의 성읍까지, 그리고 요단강에서 지중해까지이다.

6. 아셀(7:30~40)

7:30~40 이 명단의 처음 부분은 창세기 46장 17절과 민수기 26장 44~46절과 짝을 이룬다. 그러나 비르사잇(7:31)에서부터 리시아(39절) 까지의 이름은 여기에서만 보인다. 용사들(26,000명, 40절)은 아셀(30절)의 후손들이다(35절에 있는 헬렘은 32절에 있는 호담과 같은 인물일 가능성이 있다).

8:1~5 베냐민과 그 낳은 자손들은 앞에서(7:6~12)도 간단히 소개되었으나 여기에서는 그 가계를 충분히 밝히고 있다. 그것을 기록한 목적은 분명하다. 즉, 사울과 그의 친족의 가계를 밝히려는 것이다. 기록 가운데 베냐민의 아들들의 명단을 여기에 삽입하지 않은 것은 7장 6절에 있는 기록과 같기 때문이다. 여기에서는 그 아들이 5명이나 되는데 7장 6절에서도 보이는 이름은 벨라와 아스벨(아마도 여디아엘과 같은 인물일 것이다) 두 사람뿐이다. 또한 창세기 46장 21절에서는 벨라, 베겔, 아스벨과 같은, 역대기 기자의 시각으로는 베냐민의 손자라고 생각되는 자들(게라, 나아만, 아릇)을 아들로 기록했다(창세기 46장 21절의 아릇은 아마도 역대상 8장 3절의 앗달인 것 같다. 참조, 민 26:40). 이와 유사하게 민수기 26장 38~39절에서는 역대기 기자에 의해 베냐민의 손자라고 불렸던(8:5) 숩함과 후람을 아들로서 계수하고 있다(스부반은 숩함의 다른 이름이며 후람은 훕함의 다른 이름이다). 그러나 민수기에서는 아릇과 나아만을 베냐민의 손자들이라고 기록한 점에서 역대기 저자의 기록과 일치한다(민 26:40). 여기에서 '아들'이라고 쓰인 것은 증손자 또는 훨씬 뒤의 후손을 의미하는 것일 수 있다. 그리고 실제로 모든 명단이 완전한 것도 아니다. 역대상 8장은 다른 명단들(창 46:21; 민 26:38~40)보다 포괄적인 것이어서, 베냐민에게는 5명의 아들이 있고(8:1~2) 나머지 다른 명단들은 편집상 선택된 것이라고 추측할 수 있게 한다.

8:6~28 에훗은 이미 여디아엘(7:10)의 손자와 동일시되어 있다. 여디아엘은 다른 명칭으로는 아스벨로 알려져 있는 것으로 보인다. 에훗의 족속(8:6)은 다른 베냐민 족속(나아만, 아히야, 게라, 7절상)에 적의를 가지고 반대한, 입증되지 않은 어떤 사건을 일으켰다. 사하라임(8절)은 아마도 빌한의 아들 아히사할일 것이다(7:10). 그래서 그 가계는 아스벨(여디아엘)과 빌란과 다른 사람들로 이어지는 것으로 추측되고 있다. 사하라임은 모압 때에 살았는데, 거기에서 그는 그의 아내들인 후심과 바아라와 이혼했다. 그의 세 번째 아내인 호데스에게서 낳은 일곱 아들이 있었지만(8:9) 역대기 기자의 관심은 후심을 통해서 낳은 후손들에게 있었다(11절상). 그 가계는 사하라임에게서 엘바알(11절하)과 브리아(13절)로 이어진다. 이 명단은 동일시되는 다른 사람이 없는 시므이의 아들들(19~21절), 사삭의 아들들(22~25절), 여로함의 아들들(26~27절)로 구성되어 있다. 역대기 기자는 베냐민의 모든 후손들이 예루살렘에서 살았다고(28절) 기록하고 있는데 이것은 가능성이 있는 말이다. 물론 예루살렘은 다윗에 의해 장악된 이후에야 이스라엘의 수도가 되었다(참조, 삼하 5:1~10).

8:29~40 베냐민의 두 번째로 중요한 성읍 기브온에서는 사울과 관련된 베냐민 족속의 가계 사람들이 살고 있었다. 이 가계와 이번 장의 앞에서 나온 다른 가계들과의 사이에 연관성을 밝히는 작업은 불가능하다. 이 가계는 단지 1~28절 대부분에 소개된 가계들보다 상당히 늦은 기간에 사울의 조상인 여이엘에게서 시작되고 있기 때문이다.

가계들은 (a) 여이엘(29절), (b) 넬(30절. 참조, 9:36), (c) 기스(8:33), (d) 사울(33절)로 되어 있다(참조, 넬, 기스, 사울이 언급되어 있는 삼상 14:50~51). 다음은 사울의 아들들이다. 즉 요나단, 말기수아, 아비나답(리스위. 참조, 삼상 14:49)과 에스바알(이스보셋. 삼상 14:49; 삼하 2:8)이다. 므비보셋(삼하 4:4)으로 알려져 있는 사울의 손자 므립바알(8:34)은 그의 아버지 요나단, 삼촌 이스보셋과 조부인 사울의 역대기에 잘 나타나 있다. 다음에 나오는 므비보셋(므립바알)의 아들 미가(8:34; 참조, 삼하 9:12)는 사울의 또 다른 가계(9:41~44)에 나오는 것을 제외하고는 성경 어디에서도 찾아볼 수 없는 이름이다(8:35~40).

J. 예루살렘의 사람들 (9:1~34)

1. 정치 지도자들(9:1~9)

9:1 1절상의 바벨론 유수 이전의 유다를 포함한 모든 이스라엘의 계보와 관련된 상황을 간략하게 기록한 것이 분명하다. 9장 나머지 구절들의 목적은 망명으로부터 되돌아 온 뒤 예루살렘과 기브온에 정착한 사람들을 확인하는 데 있다.

9:2~9 여러 부족들이 되돌아온 것에 대한 일반적인 내용을 간략하게 언급하고 난 뒤 역대기 기자는 각 부족들에 대한 세부적인 내용에 접근했다. 그가 의미하고 있는 이스라엘 족속은 예루살렘에 정착하여 살게 된 유다 족속, 베냐민 족속, 에브라임 족속과 므낫세 족속이다(3절). 유다의 후손들은 모두 세 개의 가계(그의 아들인 베레스[4절], 실로[실로

사람, 5절. 창 38:5] 및 세라[9:6. 참조, 창 38:30])로 나뉘어 다시 설명하고 있다.

베냐민의 후손들은 네 종류의 가계(핫스누아[9:7], 여로함[8절], 미그리[8절]와 이브니야[8절])로 나뉘어 밝히고 있다. 여기에는 베냐민의 실제 아들의 내용은 없다.

여기에 나오는 정착자들의 명단은 구조적인 면에서 역대기 기자의 것과 동일한 느헤미야 11장 4~9절에 있는 명단과 대응된다. 그러나 유다 가계의 몇몇 이름들, 즉 우대(9:4)는 아다야(느 11:4)로, 그리고 아사야(9:5)는 마아세야(느 11:5)인 것이 아니라면 일치하지는 않는다. 설령 일치하더라도, 이 사람들에서부터 유다까지의 계보에 다른 방식으로 접근해야 한다. 또한 느헤미야는 세라의 가계는 언급하지도 않았다. 이 사실은 분명하게 인구조사에 대한 부분이 서로 다르다는 점(역대상 9장 6절에는 690명이고 느헤미야 11장 6절에서는 468명으로 기록하고 있다)을 설명하고 있다. 베냐민 족속의 명단은 최소한 시작하는 부분에서 만큼은 다소 일치하고 있다. 즉 양쪽의 기록(9:7; 느 11:7)이 모두 살루가 므술람의 아들이라고 한 것이다. 그러나 역대기 기자는 후손들의 네 가계를 기록해 놓은 반면, 느헤미야는 살루에서 여사야까지 거슬러 올라가는 오직 한 가계(느 11:7)만을 기록했다. 느헤미야(11:8)는 928명으로 기록하고 있는 베냐민 족속의 합계를, 역대기 기자는 모두 956명(9:9)이라고 했다. 이들 각각의 숫자가 서로 다른 원인을 알 방법이 없기 때문에 그 이유를 설명할 수 없다.

2. 제사장들(9:10~13)

9:10~13 여기에 나오는 여섯 가족의 제사장의 가계는 여다야, 여호야립, 야긴, 아사랴, 아다야, 그리고 마아새이다. 이 여섯 제사장 가족에 대해서 여다야가 여야립(여호야립)의 아들이라는 기술(느 11:10)을 제외하고는 느헤미야 11장 10~14절과 일치한다(약간의 철자 변화를 감안하여). 더구나 느헤미야에 나오는 명단은 좀 더 많은 이름을 기록하고 있다는 점에서 더 포괄적이라는 사실이 뚜렷해진다. 마지막으로 역대기 기자의 합계는 느헤미야의 합계인 1,192명과 다른 1,760명으로 되어 있다(9:13). 이 숫자들을 계산해낸 근거가 무엇인지 추측해낼 수 없기 때문에 그 합계가 서로 다른 점을 어떻게 설명해야 할지는 알 수 없다.

3. 레위인들(9:14~16)

9:14~16 예루살렘(34절. 참조, '거룩한 성', 느 11:18)과 그 부근(느도바는 예루살렘 외곽지역이다. 9:16)에 살고 있던 레위 일곱 족속에 대한 것은 느헤미야 11장 15~18절에 나타나 있는 것과 동일하다. 물론 느헤미야의 기록에는 몇몇 이름의 철자법이 상당히 다르고 또 몇몇 이름들을 빼기도 하고 더하기도 했다. 이렇게 서로 다른 것에 대한 이유는 명확하지 않다.

4. 문지기들과 다른 직분들(9:17~34)

9:17-27 앞에 기록되어 있는 레위인들(14~16절)의 임무는 명확하게 밝혀져 있지 않은데, 그들은 근본적으로는 제사 드리는 일을 맡았다고 추정할 수 있을 것이다. 그러나 이 구절(17~27절)에 나타난 레위인은 적당한 때에 성소의 문을 여닫거나 또는 부적당한 강요에 대해서는 대항하여 경계를 맡는 책임이 있는 것으로 기록됐다. 여기에 기록된 이름들은 느헤미야에 나와 있는 것(느 11:19~23)과 대응된다. 역대기 기자에 의해 문지기로 묘사되고 있는(9:17) 살룸에 대해서는 이상하게도 느헤미야에는 언급되지 않았다(19절에 있는 살룸의 할아버지 에비아삽에 대하여는 26장 1절 주해 참조). 중심부에 연결되어 있어서 성소로 들어가는 동쪽 문(겔 46:1~2)인 왕의 문을 맡고 있는 것으로 보아 살룸의 위치가 대단히 중요하다는 것을 알 수 있다. 그 선조 때부터 가지고 있는 권력을 거슬러 올라가 보면 엘르아살의 아들 비느하스가 그들을 지배하고 있을 때인 회막의 시대까지 올라간다(9:19~20; 참조, 민 3:32). 스가랴까지도 연결된 수수께끼 같은 이 부분(9:21. 참조, 26:2)은, 다윗의 때에는 살룸의 선조들이 가진 이 권력을 회막 문과 관련한 일에 적합하고 책임감이 있는 레위의 지파들과 나누어 가졌다는 사실을 나타낸다.

역대기 기자는 예루살렘과 그 주변의 성읍에서 문지기의 직분을 맡은 레위인들은 모두 212명이라고 기록하고 있다(느헤미야 11장 19절에서 문지기의 합계는 172명이라고 했다. 그러나 이런 숫자가 나오게 된 것은 오직 악굽과 달몬 지파만을 헤아렸기 때문이고, 역대상 9장 17절에서는 살룸과 아히만 지파의 이름을 더 첨가한 것이다). 매일의 필요에 의해서 동원되는 인력도 정확하게 22명이다(26:17~18). 그들은 불

확실한 시기에는 임무를 수행하지 않았고 칠일마다 와서 봉사하고 있었다(9:25).

9:28~34 문지기라는 직분 외에도 일부 레위인들은 성소에서 쓰이는 물품과 음식물을 담당하는 직분을 맡기도 했다. 여기에는 기구와 그릇, 고운 가루, 포도주, 기름, 유향, 향품과 전병을 맡는 일들이 포함된다(28~32절. 참조, 레 24:5~9). 또 다른 레위인들은 음악을 맡은 자들인데 그들은 성소에서 자기에게 주어진 일에만 몰두하고 다른 의무는 지지 않아도 되었다.

K. 사울의 족보(9:35~44)

9:35~44 이 가계에 대한 기록은 8장 29~40절에 있는 기록과 거의 유사하다(8:39. 아셀의 동생 에섹의 가계가 더 포함되어 있다). 그러나 사울의 죽음(10장)과 다윗의 계승을 서술하기 위해서 사울의 족보를 다시 언급하고 있는 것이다(9:35~44).

II. 다윗의 통치(10~29장)

A. 사울의 죽음(10장)

10장 서론에서 소개했던 것과 같이 역대상·하의 주된 목적은 다윗의
통치와 그 왕조가 하나님께 선택받고 인도받은 것이라는 점을 보여줌
으로써 그 왕조의 가치를 높이는 데 있다. 이 목적에 접근하는 효과적
인 방법은 사울 왕조의 비극적 최후와 대비되는 다윗 왕조의 시작을 보
여주는 것이다(참조, BC 1011년부터 586년까지 425년 동안의 다윗 왕
조와 함께 사울의 40년 통치[BC 1051~1011년] 비교). 역대기 기자는
사무엘상을 가득 채우고 있는 사울의 생애와 통치 기간에 대한 기록이
독자들에게 이미 잘 알려져 있다는 점을 가정하고 있다. 그래서 그는
바로 하나님의 심판으로 일어난 사울의 죽음 사건으로 관심을 전환했
던 것이다.

블레셋 군대가 길보아산에서 이스라엘을 정복한 것에 대해 서술한
것(10:1~12)은 실제로 사무엘상 31장의 내용과 유사하다. 무슨 이유에
서인지 역대기 기자는 블레셋 군대가 다곤의 묘에 사울의 머리를 매달
았던 것(10:10)은 기록하고 있으나 그들이 그의 몸을 벧산 성벽에 걸어
두었던 사실은 기록에서 제외하고 있다(삼상 31:10).

사무엘상 31장에는 사울의 죽음과 그의 왕국이 다윗에게로 인도된
것에 대해 신학적인 관점이나 도덕적 가치를 반영하지 않은 채 기록되
어 있다. 그러나 역대기 기자는 그것이 하나님의 명령에 대한 사울의
불복종(삼상 13:13~14; 15:23) 때문에 하나님이 내리신 심판이라고 지

적하고 있다(10:13~14). 사울이 심판을 받게 된 또 다른 이유는 그가 악마의 영혼에 의지하였다는 점이다(삼상 28:7).

B. 다윗의 용사들(11~12장)

11:1~3 헤브론에서의 다윗의 통치와, 이스라엘 전체의 지배를 위해 다윗과 다른 사람들이 취한 절차에 대한 이야기가 역대상에 간단히 열거되어 있다. 그 세부적인 것은 사무엘하에 상세하게 나타나 있기 때문에 이곳에 간단하게만 기록한 것이다. 다만 역대기 기자가 특별히 강조하기 위해 사건들의 분위기만을 재기록할 필요가 있었던 것이다. 한편 다윗 왕국 성립에 도움이 되도록 하나님이 사용하신 사람들의 역할은 역대기에서 의미 있는 것이다. 역대기 기자는 자칫하면 과장되기 쉬운 (삼하 2:8~32에 있는 아브넬의 음모와 같은)다윗의 성공에 관여한 사울의 사람들에 대한 어떠한 측면도 다루지 않고 있다. 이 장에서는 통치자가 된 다윗, 이스라엘 백성들이 표현한 다윗에 대해서만 기술하고 있다. 이스라엘 백성들은 그의 왕권을 하나님이 위임하신 것으로 인식하고 있었다(11:2).

다윗은 이스라엘 장로들과 맺은 언약에 의해 대변된다. 그 계약은 아마도 다윗이 인간의 왕권에 대해 명시한 모세의 율법적 요구에 충성을 맹세하는 서약으로 이루어졌을 것이다(참조, 신 17:14~20).

11:4~9 다윗은 예루살렘을 향해 진군했고, 이스라엘과 유다 사

이에 중심적이고 중립적으로 위치한 여부스(참조, 수 18:16, 28; 삿 19:10~11)까지 행군해서 정복했다. 이것이 가능했던 이유는 요압이 수로에 위치한 입구를 확보함으로써 여부스의 요새를 깨뜨렸기 때문이다(삼하 5:8). 시온 산성은 다윗이 원래의 거주지에다 합병시킨 여부스 성이 내려다보이는 언덕 위에 있었다. 다윗 자신은 시온 성에 거주했으며(11:5, 7) 도시 전체를 북쪽 지대까지 확장하고 전체를 둘러 성벽을 쌓았다. 이것은 다윗 성이라고 불리게 되었다(삼하 5:7, 9; 6:12; 왕상 2:10). '테라스 지주'(11:8)는 문자 그대로 '밀로'라고 한다(NIV 난외주). 이는 히브리어로 '채움'이라는 뜻이 있으니, 성 전체가 평지로 가득 찬 (여부스와 시온)두 언덕 사이에 있는 공간을 의미하는 것이다. 예루살렘의 포로에 대해서는 역대기 기자의 관점에서는 요압을 영웅으로 선택하여 기록하고 있다. 이 점은 사무엘하에서는 기록하지 않고 있다. 역대기 기자의 기록은 최고 사령관으로서의 요압의 위치를 나타내주고 있는 것이다(11:6).

11:10~14 다음으로 역대기 기자는 다윗의 시대에 위대했던 나머지 사람들을 소개하고 있다. 첫째로 요압과 다른 세 사람, 야소브암, 엘르아살(11~12절), 그리고 삼마(삼하 23:11)가 다윗의 통치와 긴밀한 관련성이 있는 강력한 지도자들로 소개되고 있다. 요압은 다윗의 조카로서 다윗의 이복 누이인 스루야의 아들(참조, 대상 2:16; 18:15; 26:28; 27:24)이다. 최고 지휘자(또는 '30인의 두목'[또는 '세 용사 중의 하나'], 70인역. 참조, NIV 난외주)인 야소브암은 단번에 300명을 살해한 것으로 유명하다(11:11). 사무엘하 23장 8절에서는 800명으로 기록하고 있는데, 그러한 차이는 히브리의 숫자 표기에 있어서 거의 유사한 300과

800을 역대기 기자가 옮겨 쓰는 과정에서 착오를 일으켰기 때문일 것이다. 엘르아살은 바스담밈에서 다윗과 함께 블레셋과 대적하여 보리밭을 보호한 것으로 그 자신을 부각시켰다(11:12~14). 세 번째 영웅인 삼마는 이 명부에 기록되어 있지 않다. 그의 공적은 사무엘하 23장 11~12절에 자세하게 기록되어 있다.

11:15~25 세 명의 용사의 두 번째 그룹은, 다윗이 아둘람굴에서 블레셋의 군사로부터 은신하고 있을 때 베들레헴에서부터 다윗에게 물을 구해다 주기 위해 그들의 목숨이 위태롭게 되었던 이야기로 소개하고 있다. 다윗은 그들의 희생에 감동하여 그 물 마시기를 거절하고, 대신 하나님께 헌신하는 의미의 제물로 땅 위에 부었다. 사무엘하 23장 13~17절의 기록과 유사한 이 사실은 다윗이 예루살렘에서 포로가 된 이후에 처음으로 블레셋과 마주친 때에(삼하 5:17~21) 일어났던 일이라고 추측된다.

요압의 아우(참조, 2:16)인 아비새가 두 번째 반열의 세 명 중의 한 사람으로 알려져 있다. 300명의 적을 살해한 그의 용기 때문에 그는 두 번째 그룹의 세 명 중 우두머리로 간주되었다(11:20~21). 그러나 그는 아직 첫 번째 세 사람의 수준에는 미치지 못했다.

브나야는 힘이 센 모압인 두 명을 죽였고 함정에서 사자를 죽였으며 키가 229센티미터나 되는 장대한 애굽 사람을 죽인 것으로 알려졌다. 그로 인해 브나야는 다윗의 시위대장에 임명되었다(22~25절). 후에 솔로몬은 요압 대신에 브나야를 군대장관으로 진급시켰다(참조, 왕상 2:35).

11:26~47 그 외 다른 영웅들의 명단은 철자의 상이함과 약간의 차이를 제외하고는 사무엘하 23장 24~39절의 내용과 거의 동일하다. 그러나 역대기에 기록되어 있는 명단에는 헷사람 우리아 이후에 16개의 이름을 포함하고 있으나 사무엘하의 기록에는 그렇지 않다. 두 번째 그룹의 세 용사에 편성된 다섯(11:10~14와 15~25절. 참조, 대하 11:10~21 주해)이 계수되지 않는다면, 하셈의 아들들(34절)을 제외하고 역대기의 명단에는(11:26~41상) 아사헬(26절)에서부터 헷사람 우리아(41절상)까지 합해 모두 30명의 영웅을 기록하고 있는 셈이 된다. '하셈의 아들들'은 (a) 이름이 나타나지 않은 군인으로서 계획되지 않은 인원, (b) 바로 앞에 명명된 두세 사람(32절하~33절), 혹은 (c) 개별적인 기록('하셈의 아들들'은 '벤하셈'으로 바뀔 수 있다)을 언급한 것으로 이해할 수 있을 것이다. 우리아 이후에 기록되어 있는 16명의 추가된 인원들은 원래 명부에 추가시킨 것이다(사무엘하 23장 39절에 따르면 37명이 기록되어 있다. 이 총계에 대한 설명은 사무엘하 23장 8~39절 주해 근처의 '다윗의 위대한 용사들' 도표에 언급되어 있다).

12:1~7 11장 26~47절에 명시된 다윗의 용감한 용사들의 대부분은 유다 족속으로 다윗의 친구들이다. 여기에 추가하여 다른 여러 부족으로부터 다윗에게로 이탈해온 자들까지도 기록하고 있다. 다윗이 시글락에서 사울을 피하고 있을 때(삼하 27:1~7), 그는 사울의 동족인 베냐민 지파와 합류했다. 이들 23명은 역대상 12장 3~7절에 기록되어 있다.

12:8~18 다윗에게 합류한 다음의 집단은 11명의 갓 지파 사람들이다

(8~15절). 그들은 요단의 동쪽에 살고 있었다(15절). 그들은 다윗이 사울에 의해 쫓기고 있을 때 황량한 곳에서 다윗의 요새를 돕기 위해 모였다. 그들은 요단강이 넘칠 때인 첫 번째 달에, 아마도 4~5월경(참조, 수 3:15; 4:19)에 요단강을 건넜다. 그들은 사납고 역량 있는 용사였으며('그의 얼굴은 사자 같고') 매우 재빨랐다('빠르기는 산의 사슴 같으니').

갓 족속과 함께 베냐민과 유다 지방에서도 많은 사람들이 왔다(12:16~17). 그들의 우두머리 아마새가 "이는 당신의 하나님이 당신을 도우심이니이다"라고 말한 것과 함께 그들 자신이 다윗과 함께하기를 갈망했다(18절).

12:19~22 다윗이 블레셋 사람들과 함께 길보아 전투(참조, 삼하 28:1~4)에서 이스라엘 진영에 참여하기 위해 떠났을 때 므낫세 족속의 몇몇 사람들이 그를 돕기 위해 왔다. 그러나 블레셋 사람들이 다윗이 사울에게 돌아갈까봐 의심했기에 므낫세 사람들은 다윗과 함께 전장에서 떠났다(12:19). 다윗이 시글락으로 돌아올 때 7명의 므낫세인들이 그와 동반했고, 심지어 다윗이 없을 때 그의 마을에서 약탈을 감행한 아말렉 사람들을 추적하고 진멸하는 것을 도왔다(참조, 삼상 30장).

12:23~40 역대기 기자는 다윗이 헤브론까지 그의 통치 영역을 넓히는 것을 도울 용감한 병사들(그들 중 대부분은 용기와 경험이 많았다)을 열거하고 있다. 그들은 유다, 레위, 베냐민, 에브라임, 서부의 므낫세, 잇사갈, 스불론, 납달리, 단, 아셀, 르우벤, 갓, 그리고 동부의 므낫세로부터 모여들었다. 이 병사들의 총계는 30만 명이 족히 넘었다(23~37절). 그 모든 종족들의 명칭들은 그들 모두가 다윗을 폭넓게 지

지했음을 보여주기 위해 기록됐다. 그러나 사무엘하에서는 이러한 것들을 기록하지 않았다. 또한 헤브론에서 다윗과 함께 했던 그들의 모임을 큰 축제와 기쁨의 시기였던 것처럼 기록하고 있다(12:38~40).

C. 언약궤의 운반(13장)

13:1~6 다윗은 여부스로부터 예루살렘을 취하고 이스라엘과 유다를 통합하여 수도를 만들었으며 종교적 중심지를 조성하는 데 열성을 다했다. 그러나 언약궤가 예루살렘에 있는 영원한 안식처로 돌아올 때까지 그 일은 이루어질 수 없었다. 블레셋 사람들이 실로에서 궤를 빼앗아(삼상 4:4, 11) 7개월 동안 블레셋 지역에 보관했고(삼상 6:1), 그 후에 이스라엘로 돌려보내어(삼상 6:2~12) 벧세메스에 보관해 두었으며(삼상 6:13~15), 기럇여아림에서 BC 1104~1003년경까지 약 100년 동안 보관하게 되었다(참조, 사무엘상 7:2 주해).

다윗이 예루살렘에 있던 때에 이미 그는 언약궤를 가져온 기럇여아림(또는 바알라라고 불림)으로부터 예루살렘에 이르기까지의 모든 나라(시홀시내[수 13:3; 사 23:3; 렘 2:18, 애굽까지 연결된 이스라엘의 남쪽 국경에 있는 강]로부터 르보하맛[참조, 대하 7:8. 이스라엘의 북쪽지방]에 이르게 되었다) 가운데에서 제사장들과 레위인들로부터 추대됐다(13:1~6. 사무엘상 6장 부근의 '언약궤의 이동 경로도'를 보라). 그 궤는 '궤'라는 그 이름으로 불린 것으로 주목할 만하다. 하나님의 존재가 그 자신의 이름과 동일시되는 것을 구약성경의 후반 부분, 특히 역대기에서 각별히 다루어진 일반적인 것이지만, 그러한 사실은 모세 때에도 알려져 있었다(신 12:5, 11, 21; 14:23~24; 16:2, 6, 11; 26:2).

13:7~14 궤를 실은 거대하고 화려한 수레의 행렬이(7~8절) 길을 가다가 타작마당에 이르렀을 때 수레가 밀려서 궤가 거의 떨어지게 되었다. 웃사가 본능적으로 떨어지는 궤를 막으려고 잡는 순간 그는 신성모독으로 죽고 말았다(9~10절). 이는 물론 궤 자체의 신성함 때문인 것이 아니라 그 궤가 부적절하게 옮겨졌다는 것을 의미한다. 모세의 법에 궤는 귀퉁이의 고리에 막대기를 끼워 레위인들만이 둘러메어 옮겨야 한다고 명시되어 있다(출 25:13~14. 참조, 대상 15:2, 13, 15).

다윗의 온당하지 못한 행동 때문에 내려진 하나님의 벌로 궤의 이동은 석 달간 지연되었으며 그동안 궤는 오벧에돔의 집에 머무르게 되었다(13:13). 그리하여 궤와 함께하시는 하나님께서는 오벧에돔과 그의 가족에게 복을 내리셨다(14절). 하나님에 대한 자연스런 태도는 복을 가져오지만, 반대로 거만한 마음은 하나님을 노엽게 만든다.

D. 다윗의 예루살렘에서의 통치(14~16장)

1. 다윗의 궁전(14:1~2)

14:1~2 다윗은 언약궤의 도착을 준비하고 있을 시기에(13장) 몇 개의 건축물을 지을 계획을 세웠다(15:1). 이들 중에서 주된 것은 고대 근동

지역에서 새로운 왕의 영토를 인정받기 위해 관례적으로 고려해야 하는 사안인 다윗 자신이 거처하는 궁전을 건축하는 일이었다. 다윗은 두로의 왕 히람과 긴밀한 동맹 관계를 맺고, 백향목의 공급 계획과 그것을 잘 다루기로 유명한 두로인들을 건설 사업에 종사하게 했으며 조각을 돕게 했다(참조, 대하 2:8~9). 다윗은 위대한 약속을 주시는 하나님으로부터 도움 받고 있다는 사실을 깨닫게 되었다.

2. 다윗의 가족(14:3~7)

14:3~7 동양에서 위대한 제왕의 또 다른 상징은 아내들과 첩들을 위해 거대한 규방을 건축하는 것이었다. 비록 하나님이 일부다처제를 허락하지는 않으셨지만(신 17:17) 다윗은 그 시대의 풍습에 젖어있었다. 여기에 기록되어 있는 예루살렘에서 태어난 13명의 아들에 대한 명단은 엘벨렛(3:6에는 엘리벨렛으로 쓰여 있다)과 노가(14:5~6)가 첨가된 점이 사무엘하 5장 14~16절의 명단과는 다르다. 엘벨렛(엘리벨렛의 다른 이름)과 노가의 이름은 3장 5~9절 족보에서도 나온다(참조, 해당 구절 주해). 철자가 다른 또 한 사례는 14장 7절에 있는 브엘랴다가 3장 8절에는 엘랴다로 되어 있는 것이다(참조, 사무엘하 주석 3:2~5 부근의 '다윗 가족'의 도표).

3. 블레셋에 대한 승리(14:8~17)

14:8~12 새롭게 인식된 다윗의 힘과 권위에 대한 증거는 이스라엘의 영원한 적인 블레셋과의 전쟁에서 승리했다는 사실이다. 블레셋 사람

들은 다윗이 더 이상 믿을 만한 동맹자, 또는 속국이 아니라고까지 인식하고(사무엘하 5:17~25 주해를 보라), 예루살렘의 남서쪽으로 수킬로미터 떨어져 있는 르바임 골짜기에서 이스라엘을 공격했다. 하나님은 바알브라심이라고 알려진 위치에서 일어난 전쟁에서 물을 쪼갬 같이 대적을 쳐부수게 하셔서 이스라엘에게 승리를 안겨주셨다. 공교롭게도 약 1세기 이전에는 블레셋 사람들이 하나님의 궤를 빼앗아 갖고 있었으나(삼상 4:11), 지금은 오히려 공황 상태에 빠져 그들의 우상마저 버리게 되었다.

14:13~17 블레셋인들은 다윗에게 패한 후에 아직 공포에서 벗어나지 못한 채로 르바임으로 다시 쳐들어왔다. 이때 여호와께서는 다윗에게 매복할 것을 지시하셨다. 이스라엘인들이 뽕나무 숲속에서 블레셋 군사들이 행군하는 소리를 들었을 때(즉, 뽕나무 잎이 살랑대는 소리) 이것은 주께서 그들의 군대를 전장으로 이끄시는 신호가 되었고 그들은 그에 따라야 했다. 다윗이 이렇게 승리를 거두자(기브온에서 게셀까지 약 24킬로미터를 뒤쫓았다) 모든 이방 민족이 이 이야기를 듣고 다윗을 두려워했다.

4. 언약궤의 도착(15장)

15:1~13 마침내 다윗은 다시 언약궤를 예루살렘에 안치시키려고 준비했다. 비록 다윗이 좋은 성전에 모시려고 계획을 세웠으나(17:1~4) 사실상 모세의 이동성전과 흡사한 장막을 설치하게 되었다(15:1). 그 당시의 원문을 자세히 살펴보면(2, 13, 15절) 다윗은 제사장들과 레위

인들을 모아 오벧에돔의 집(참조, 13:14)에서 예루살렘의 새로운 성지까지 궤를 옮겨오도록 명을 내렸다. 그 제사장들은 사독과 아비아달이었으며(15:11. 삼하 8:15~18의 '사독과 아비아달의 가계'를 보라), 레위인들은 그핫, 므라리, 게르솜 등 세 레위 가계로부터 왔다(15:5~7). 그들은 우리엘(5, 11절. 참조, 6:24), 아사야(15:6, 11. 참조, 6:30), 요엘(15:7, 11. 참조, 6:21 '요아')이었다.

더불어 이 세 레위 족속은 모두 그핫의 가계에서 나왔다. 스마야는 엘리사반의 자손이고(15:8, 11; 출 6:22), 엘리엘은 헤브론의 자손이고(15:9, 11; 출 6:18), 암미나답은 웃시엘의 자손이었다(15:10~11. 참조, 출 6:18). 또 그핫의 네 레위 계통과 다른 두 계통의 862명의 보조자들이 있었다.

15:14~24 규정된 정화 작업 이후(민 8:5~13) 언약궤를 옮기는 모든 일들을 시작했다(15:14~15). 이것은 목적물을 옮기는 것 이상의 의미를 내포하고 있다. 즉 위대한 종교상의 기념으로 수행된 것이다 그러므로 다윗은 이 거대한 행사에 참가할 성가대(찬양대)에 레위인 지도자들을 임명하게 되었다(16절). 그 주된 사람은 요엘의 아들 헤만(사무엘의 손자, 6:33), 아삽, 에단(15:17)으로서 그들은 청동 타악기인 놋 제금을 연주하였다. 다른 8명의 악사들(20절)은 알라못(아마도 음악 용어일 것이다. 참조, NIV 난외주; 시 46편 제목)에 맞추어 비파를 연주했다. 다른 6명의 악사들(15:21)은 여덟째 음('스미닛', 마찬가지로 음악용어. 참조, NIV 난외주; 시 6편 제목)에 맞추어 수금을 연주했다. 레위인의 족장인 그나냐는 노래에 특별한 소질을 갖고 있었으므로 노래를 맡았다(15:22). 다른 네 사람은 궤를 지키는 사람으로 아마도 둘은 궤 앞에서

(23절), 다른 둘은 그 뒤에서(24절하) 지킨 듯하고, 일곱 명의 나팔수가 그들 중에 끼어 있었다(24절).

15:25~29 행렬의 어디에선가(행렬의 일부분이었을 곳) 제사장의 옷을 입은(세마포와 베로 만든 에봇, 27절) 다윗이 춤을 추었다(29절). 그의 부인 미갈이 창문에서 이러한 광경을 내다보고 다윗을 업신여겼는데, 이는 그녀가 그의 성스러운 열정을 이상한 행동으로 오해했기 때문이다(참조, 삼하 6:20 주해).

5. 성직자의 임명(16장)

16:1~6 궤가 장막 안으로 옮겨지자 그 위치를 정하고 번제와 화목제를 드렸다. 그 이후 다윗은 이스라엘인들에게 축복을 해주고 각 사람에게 떡과 야자열매로 만든 과자와 건포도를 나눠 주었다(1~3절). 그러고 나서 그는 궤 주위를 지키는 두목으로 아삽을 임명하고(4~5. 참조, 37절) 하나님께 기도하고 영광 돌리게 했다(5절). 아삽과 다른 레위인들은 15장 17~18절에 모두 언급되어 있는데 그들은 악기를 가지고 찬양하는 사람들이었다. 이러한 찬양의 예시는 대축제에 쓰기 위해 다윗이 작곡했다(16:8~36).

16:7~36 이러한 감사의 찬송가는 실질적으로 시편의 다른 곳에서 인용하여 편집한 것이며 이 사실은 시편의 중요성을 의미하는 것이다. 다윗은 그 이전의 시들을 발췌해야 했으며 그것들을 아름다운 부분들 속에 편집해야 했다. 다음은 그 둘 사이를 비교한 것이다.

역대상	시편
16:8~22 16:23~33 16:34~36	105:1~15 96:1절하~13절상 106:1절중~하, 47~48

역대상에 있는 찬송가 내용에 대한 설명은 해당 시편들의 주석을 참조하라.

16:37~38 아삽과 함께 섬기는 사람들 중에는 두 명의 오벧에돔이 포함되어 있다. 한 명(38절상)은 악사와 언약궤를 맡은 사제였으며 (15:21, 24; 16:5) 바로 그가 자기 집에 언약궤를 보관하고 있었던 사람과 동일 인물이었을 것이다(13:14). 또 다른 오벧에돔은 여두둔(16:38 절하)의 아들로 문지기였다. 그는 또한 26장 4, 8, 15절에 기록되어 있다. 이 여두둔은 므라리의 후손이며 에단(6:44; 15:17)으로 알려져 있는 악사장 여두둔(16:41~42; 25:1, 3,; 대하 5:12)과 혼동해서는 안 된다. 오벧에돔의 아버지인 여두둔은 그핫의 손자 고라(26:1, 4)의 후손이다.

16:39~43 기브온에 있는 성소의 제사장인 사독에 대한 언급은 두 명의 대제사장을 보유한 이유를 밝혀준다. 아론의 계통으로 엘르아살 (6:4~8)의 가계인 사독은 기브온 신전의 보호를 맡았고, 이달말 가계의 아비아달(24:6)은 예루살렘의 성지를 책임지게 되었다. 성소의 자리로서 기브온의 기원은 밝혀지지 않았지만, 다윗이 사독을 그곳의 제사장으로 임명하고 후에 솔로몬이 하나님의 승인으로 그곳에서 희생제를 드린 이래로 불법한 장소는 아니었다(참조, 왕상 3:4~10). 실제로 이것

은 궤가 실로에서 돌아온 후에도 기브온에 멈추기는 했지만 때때로 그 성소의 장소는 옮기기도 했다는 사실을 드러낸다(21:29). 그런 까닭에 사독은 성소의 고유 악사로 있었으며 아삽은 아비달과 함께 성소에서 궤를 보호하고 있었다. 헤만과 여두둔(에단이라고도 불림. 참조, 6:44; 15:17)은 기브온의 모세의 신전에서 사독과 함께 직무를 수행했다.

E. 성전에 대한 다윗의 열정(17장)

17:1~15 다윗은 궁전이 완성되어 거기에서 편안하게 지내던 중, 자신이 살고 있는 건실한 궁전의 환경과, 약하고 일시적으로 조성한 궤를 모셔둔 장막과의 차이를 불현듯 느끼게 되었다. 하나님의 성전(집이라는 단어로 표현됨. 4절)을 지을 자신의 바람을 설명하면서 다윗은 자신에게 처음으로 이 일을 할 용기를 준 선지자 나단을 찾았다(2절). 그러나 이후에 하나님은 꿈속에서 나단에게 나타나시어 그 계획을 금하셨고 다윗은 하나님께서 그를 대신하여 집을 지으실 것을 깨달았다(10절. 참조, 25, 27절). 여기에서 집은 왕조를 의미한다.

　나단을 통해 다윗에게 전해진 하나님의 계시는 사무엘하 7장 1~17절에 있는 기록과 유사하다(그곳의 주해를 보라). 사무엘하 7장 15절에서는 사울을 언급하고 있는 것에 반해 역대기에서는 단순하게 그를 다윗의 전임자라고만 기록하고 있다(대상 17:13). 이는 역대기 기자의 사울에 대한 혐오를 반영하는 것인지도 모른다(4~14절의 나단이 전달한 내용은 사무엘하 7:4~17 주해를 참조하라).

17:16~27 언약의 응답에 대한 다윗의 기도 역시 역대기와 사무엘 모두가 사실상 동일하다(삼하 7:18~29). 역대기에서의 독특한 점은 다윗의 절대적 위치를 강조한 점이다(17:17). 이러한 논지는 이 책의 일반적인 취지와 일치하는 것이다(16~27절. 다윗의 기도 내용은 사무엘하 7:18~29 주해를 보라).

F. 다윗의 대외전쟁(18~20장)

1. 블레셋 사람들과 모압 사람들(18:1~2)

18:1~2 사무엘의 저자(삼하 8:1)와 같이 역대기 기자도 다윗이 정복한 민족의 목록 맨 처음에 블레셋을 기록하고 있다. 가드에 대한 언급은 다윗의 정복 사업의 한계를 지적하기 위한 것이며, 아마도 수수께끼처럼 사무엘하 8장 1절에서는 가드의 다른 이름인 '메덱암마'로 기록하고 있는 듯하다.

모압의 패퇴에 대한 기록은 사무엘하의 같은 기록보다 훨씬 더 부드러운 논조로 기술되어 있다. 역대기 기자는 단지 모압이 속국이 되었다는 것만을 언급하고 있는데 반해, 사무엘서 기자는 인구의 3분의 2에 대한 계획적 학살이었다고 기록하고 있다. 이것은 다윗 왕조를 찬미하는 역대기 기자의 일반적인 목적에 부합하기 위한 것으로 보이며, 이에 대한 최소한의 근거를 모압이 다윗의 증조모인 룻의 고향이라는 점에서 부분적으로나마 발견할 수 있다(룻 4:13, 21).

2. 아람 사람들(18:3~11)

18:3~11 소바의 아람인(3~4절), 다메섹의 아람인(5~8절)과 하맛의 아람인(9~11절)에 대한 다윗의 태도에 대한 역대기 기자의 기록은 사무엘하 8장 3~12절의 내용과 실질적으로 거의 같은 것이다(사무엘하의 내용과 역대상 18장 4절의 내용에서 나타나는 숫자의 차이에 대한 설명은 사무엘하 8:4 주해를 보라). 하닷에셀(히브리어로 하달에셀)에 속해 있는 이 도시들은 디브핫(히브리어로 브닷으로 변형된 철자. 참조, NIV 난외주)과 베로대로 불린다. 분명히 다윗은 디브핫과 군과 베로대의 세 도시에서 온 놋그릇을 취했다. 도우의 아들 하도람은 사무엘하 8장 10절에서는 요람이다. 다윗은 하나님께(성전 건축을 위해) 그가 정복한 나라들로부터 획득한 부를 바쳤다(삼하 8:7~13; 대상 22:14; 26:26; 29:2~5).

3. 에돔 사람들(18:12~13)

18:12~13 에돔을 정복한 기록에서 역대기 기자는 그 전쟁의 승리를 다윗에게보다는 오히려 18,000명이라는 많은 에돔인을 살해한 그의 조카 아비새(스루야는 다윗의 이복누이, 2:16)의 공으로 돌리고 있다(참조, 삼하 8:13). 역대기 기자가 일반적으로 다윗을 긍정적으로 기술했으나 그의 아랫사람들에게는 그렇게 하지 않고 있다는 점에서 볼 때 이점은 특이한 것이다. 소금 골짜기는 사해 근처의 에돔에 있다.

한편 시편 60편의 표제에서 아비새의 형인 요압은 소금 골짜기에서 12,000명의 에돔인을 죽였다고 기록되어 있다. 이 숫자의 차이는 그 모든 전쟁이 아비새의 직접적인 명령 아래에 있던 것이 아니라는 것으로 설명할 수 있다. 그리고 요압은 긴급한 상황 속에서 군사들과 함께 에돔인들 3분의 2를 죽이는 데 공헌했다.

4. 왕의 통치(18:14~17)

18:14~17 아마도 역대기 기자는 다윗의 통치에 있어서 다른 뛰어난 인물도 기록하고자 했기 때문에 12절에서 아비새를 다윗보다 강조하여 기록했던 것 같다. 사워사(16절)는 사무엘하 8장 17절에서 스라야라고 되어 있다. 왕을 모시는 사람들의 우두머리(총지휘관)인 다윗의 아들들은 사무엘하 8장 18절에서 대신들로 불린다(그곳의 주해를 보라).

5. 암몬 사람들(19:1~20:3)

19:1~5 역대기 기자는 암몬인과의 전쟁에 대해서는 사무엘하에 소개된 것과 같은 내용으로 기록했다. 암몬의 왕이 죽자 다윗은 왕의 아들이며 계승자인 하눈을 위로하기 위해서 대표단을 파견했다(19:1~2. 참조, 삼하 10:1~2). 그러나 다윗의 사신은 암몬에 의해 멸시와 치욕을 당하고 이스라엘로 되돌아왔다(19:3~5).

19:6~7 전쟁을 대비한 준비와 전쟁 그 자체에 대한 계속되는 본 기록은 사무엘하 10장의 언급과 세부적인 사실 측면에서 약간 다르다. 역대기 기자는 하눈이 메소포타미아의 암몬인들(아람 나하라임)과 아람마아가와 소바를 은 1,000달란트(약 37톤. 참조, NIV 난외주)에 고용했다

고 기록한 반면, 사무엘하 10장 6~7절에는 벧르홉, 소바, 마아가와 돕의 아람인들을 기록하고 있다. 두 역사가들이 어떠한 이유에서든 이들 아람인들에 대해 특별한 흥미를 가지고 간단히 언급한 것은 틀림없는 사실이다. 마찬가지로 사무엘의 기록은 용병에게 지불한 대가에 대한 정보를 다루지 않는다. 또한 역대기 기자는 아람 전차부대가 32,000대로 구성되어 있다고 기록했으나(19:7), 사무엘하 기자는 보병 수가 33,000명이었다고 기록했다(삼하 10:6).

19:8~19 수비의 용병 전략에 대한 설명은 사무엘하와 역대상의 기록이 실질적으로 같다. 암몬인들은 그들의 성문을 지키고 있었고(랍바. 참조, 20:1) 아람인들은 근처 들판(광활한 지역)에 진치고 있었다. 이에 다윗의 사령관 요압은 아람인들이 암몬인들과 가까워지기 이전에 변경 밖에서 아람 군대를 쳐부수려고 했다. 이러한 계획에 따라 요압은 그의 군대를 두 개로 나누어 하나는 아람인에 대항하여 자신이 이끌고, 다른 하나는 신임이 두터운 그의 동생 아비새에게 암몬 군대를 공략하게 했다(19:10~11). 만일 서로가 서로의 도움이 필요하면 요압과 아비새가 서로 도울 것을 약속했다(12절). 하나님에 대한 확신으로(13절) 그들은 승리를 얻었다. 아람 군대는 패퇴하였고 암몬 군대는 그들의 성읍 랍바에 있는 성으로 도망쳤다(14~16절).

그런 가운데 아람인들은 유브라데(강) 건너편으로부터 원병을 불러냈고, 요단 건너편에 있는 헬람(삼하 10:16~17)에서 다윗의 군대를 공략했던 그들의 지도자 소박(Shophach. 삼하 10:15에는 소박[Shobach]으로 되어 있음)과 함께했다. 다윗은 다시 승리했고 병거 7,000대(참조, 삼하 10:18 주해)와 보병 40,000명을 죽였으며 소박도 죽었다

(19:16~18). 다윗과 대적하려는 아람인의 어떠한 욕망도 사그라지게 되었고 사실상 아람은 스스로 이스라엘의 속국이 되었다(19절).

20:1~3 요압이 또 다시 그들의 도시를 포위하자 암몬인들은 다음 봄까지 랍바에 남아 있었다. 역대기 기자는 다윗이 예루살렘에 남아 있다는 것을 기록하고, 그의 전반적인 역대기 기록 취지에 맞추어서 다윗의 간통과 살인행위에 대한 이야기는 기록하지 않았다(삼하 11:2~12:25). 밧세바와 우리아에 대한 이야기를 생략한 이유는 서론에서 논한 바 있다. 역대기 기자는 또한 다윗이 랍바에서 있었던 암몬왕의 거대한 금관(무게가 약 34킬로그램)을 어떻게 빼앗았는지에 대한 기록을 생략했다('그 왕'이란 단어는 암몬 신의 이름인 '밀곰'[Milcom]으로 바뀌어야 함. NIV 난외주). 사무엘하 12장 26~29절에 의하면 요압은 그 도시의 물 공급원을 장악한 후에 성과 내부 요새의 공략을 지휘하게 하기 위해 다윗을 오게 했다. 그 도시를 장악하자 다윗은 벽돌제조, 톱질, 써레질, 도끼질 등을 시키기 위해 그 도시의 백성들을 끌어냈다(삼하 12:31). 이리하여 암몬인들도 다윗의 통치하에 있게 되었다.

6. 블레셋 사람들(20:4~8)

다윗의 정복에 대한 역대기 기자의 기록은 블레셋인과의 전쟁으로 시작하고 끝난다(18:1; 20:4~8). 이스라엘에게는 블레셋보다 상습적이고 끈질긴 적은 더 이상 없으며 결코 그들을 완전하게 지배할 수가 없었다.

사무엘하의 저자도 블레셋과의 전쟁에 대한 기록을 열거하고 있으나(삼하 21:15~22) 암몬과의 전쟁을 기술(삼하 10~12장)한 뒤에 몇 군데에 기록하고 있을 뿐이다. 여기에는 최소한 두 가지 이유가 있다. (1) 사무엘하 저자는 처음으로 그의 흥미를 조금도 끌지 못한 다윗과 밧세바와의 사건으로 발생한 가정적인 비극(삼하 13:1~21:14)과 다윗의 사적인 이야기를 포함한 내용을 언급하고 있다. (2) 사무엘하의 22장~23장에는 다윗의 찬송가와 블레셋에 대해 상당한 적개심을 가지고 있는 그의 용사들에 대한 목록이 기록되어 있다. 그 둘이 같은 주제를 다루고 있기 때문에, 사무엘하 22~23장 바로 앞에 블레셋 전쟁의 연대기(삼하 21:15~22)가 기록된 것은 적절한 조치일 것이다. 또한 역대기에서는 블레셋과의 전쟁을 사무엘하에서보다 간략하게 다루고 있다. 예를 들어 사무엘하에서는 다윗이 거인 이스비브놉과의 백병전에서(삼하 21:15~17) 아비새로부터 더 이상 전투에 참가하지 말라는 조언을 받았다고 기록하고 있다. 그러나 역대기 기자는 그 일화를 생략했다. 아마도 그것은 다윗의 긍정적인 측면만을 강조하려는 그의 관점에 기인한 것인 듯하다.

20:4~5 조금의 차이는 있지만 역대기에는 사무엘하 21장 18~22절에 나열된 세 가지의 예시가 기록되고 있다. 그 첫째는 예루살렘에서 북쪽으로 32킬로미터 떨어져 있는 게셀의 전쟁(삼하 21:18에 있는 '곱')에서 십브개가 장대한 블레셋인 삽을 쳐 죽인 것이다. 다음은 야일의 아들 엘하난이 골리앗의 아우 라흐미를 쳐죽인 것이다(20:5). 사무엘하 21장 19절에 나오는 엘하난은 베들레헴의 야레오르김의 아들로 알려져 있다. 그러나 예일이 야레오르김으로 알려져 있으므로, 후자인 야레오르김은 실제로는 '예일 직공'으로 고쳐야 할 것이므로 여기에는 문제가 없다(참조, NIV 난외주; 삼하 21:19). 그러나 사무엘하 21장 19절에서는

엘하난이 라흐미가 아닌 골리앗을 죽인 것으로 기록되어 있다. 역대상 11장 26절에서 '베들레헴 사람 도도의 아들 엘하난'에 대해서는 더욱 복잡하게 소개되어 있다. 이 엘하난에 대해서 알려진 것이 많지 않으므로 역대기 기자는 야레오르김의 아들 엘하난과는 다른 사람이라고 가정하고 있는 것 같다.

사무엘하 21장 19절과 역대상 20장 5절 사이에 연계되어 있는 주된 문제는 '누가 죽었는가'이다. 라흐미가 죽었는가, 그의 형인 골리앗이 죽었는가? 다윗이 골리앗을 죽인 사실이 널리 알려져 있으므로(삼상 17장) 일부 학자들은 엘하난은 다윗과 다른 사람이 아니라고 가정하고 있다. 이러한 관점에 따르면 다윗은 골리앗(삼하 21:19)과 그의 아우(20:5)를 둘 다 죽인 것이 된다. 다윗이 엘하난으로 알려지게 된 것은 다윗의 아버지 이새와 야일 또는 야레오르김이 동일인일 수 있는 가능성에 의한 것인데 이에 대해서는 명백한 것은 없다. 사무엘하 21장 19절의 원본에는 '골리앗의 아우'로 적혀 있고 필사본에는 '~의 형제'라는 말이 빠져 있다.

20:6~8 세 번째, 블레셋 전쟁에 대한 설명에서는 거대한 블레셋 사람이 다윗의 조카 요나단의 손에 죽임을 당한 것으로 나타나 있다(삼하 21:20~21). 거기에는 블레셋인들의 패퇴에 대한 것과 랍바의 후손들의 죽음을 발췌한 간결한 기록이 보인다(20:8). 랍바는 랍바 족속으로 알려진 거인 종족의 조상의 시조로서, 그들은 블레셋과 공존하고 있었으며 심지어 그들과 서로 통혼도 했다(창 14:5; 신 2:11, 20; 3:11; 대상 20:4).

G. 다윗의 인구조사와 하나님의 징계(21:1~22:1)

21:1~7 역대기 기자는 사탄이 다윗을 격동하게 한 것 외에 이스라엘의 인구조사를 하게 된 다윗의 동기를 따로 언급하지 않고, 단지 다윗이 싸울 수 있는 자가 얼마나 되는지를 알고 싶어 했다고 기록했다. 그러나 사무엘하 24장 1절에서 저자는 하나님께서 그의 백성들에게 진노하셔서 다윗의 인구조사를 그와 그의 백성들을 벌하실 기회로 사용하셨다고 했다. 하나님이 사탄으로 욥을 공격하도록 허용하셨던 때(참조, 욥 1:22; 사무엘하 24:1~3 주해)와 같이, 여기서도 단순히 사탄이 다윗이 인구조사를 하게끔 만들었다는 것에 대한 어떠한 논의도 없다. 하나님의 통치권 중에서 그 무궁무진한 위력은 사탄의 역사에까지도 확장된다. 다윗의 당장의 목표는 그 군대의 힘을 평가하는 것이었다(21:5). 즉, 이것은 하나님의 힘보다도 군대의 힘에 더 의존하는 것을 암시하는 것이기 때문에 하나님의 진노를 유발시키게 된 것이다. 이것은 아마도 다윗이 자신의 행동이 죄라는 것을 알면서도 왜 용인했느냐의 문제일 것이다(8절).

요압은 그의 견해와 맞지 않았음에도 불구하고(3절) 다윗의 명령에 따라 인구조사를 수행했으며(4절), 이스라엘의 1,100,000명, 유다의 470,000명의 총계를 보고했다(5절). 요압은 레위 지파와 베냐민 지파를 조사할 수 없었다. 레위 지파는 군대에 참여할 수 없었기 때문에(참조, 민 1:47~49) 완전함을 목적으로 한 그 조사는 베냐민 지파를 조사하기도 이전에 좌절되었던 것이다(27:24). 또한 다윗의 명령은 요압을 불쾌하게 한 것 같다(21:6). 사무엘은 전쟁에 쓸 수 있는 자의 수를 이스라엘에서 800,000명, 유다에서는 500,000명이라고 설명하고 있다(삼하 24:9). NIV에서는 유다의 470,000명을 포함한 합계가 1,100,000명(모든 이스라엘 총계)이라고 말하고 있다(21:5). 그렇다면 이스라엘인은 630,000명이 되는 셈이다. 사무엘하 24장 9절에서 800,000명이라고 한 것은 레위인 170,000명에 다른 이스라엘인 630,000명을 더한 것인 듯하지만, 레위인의 수가 그렇게 크다고 상상하기는 어렵다. 사무엘하의 유다인 500,000명은 역대기 기자가 계산하지 않았다고 추측되는 베냐민 30,000명을 포함한 것 같다.

또 다른 가능한 해답은(참조, 삼하 24:9) 역대기 기자의 총계 1,100,000명에는 상비군 300,000명이 포함되었을 것이라는 해석이고, 그렇다면 사무엘하에 언급한 800,000명의 수치는 줄어든다. 또한 유다인 500,000명에는(사무엘하의 내용에서) 역대기 기자가 생각한 470,000명과 함께 상비군 30,000명이 포함되어 있는 듯하다(삼하 6:1).

21:8~15상 몇 가지 점에서 다윗은 자신의 계획이 악했음을 깨달았고 주의 용서를 구했다. 물론 이것은 승인되었으나 이스라엘이 징계를 받아야 한다는 하나님의 뜻은 이루어져야 했다. 선지자 갓을 통해 다윗에게 전갈이 왔고, 다윗은 하나님이 백성에게 내리시고자 하는 세 가지 심판 중 하나를 선택해야 했다. 즉, 삼 년 동안의 기근 또는 삼 개월 간 적에게 피해 쫓기는 것과 사흘 동안 온역이 유행하는 하나님의 심판이었다(11~12절).

다윗은 세 가지 대안 중의 한 가지를 선택하기보다는 그 자신을 하나님의 손에 맡겼다. 역병으로 70,000명이 사망하는 희생 후에 주님은 그의 심판을 거두셨다.

21:15하~25 어느 곳에서나 하나님 자신으로 동일시되는 여호와의 천사는 아마도 육으로 오시기 전의 구세주일 가능성이 크다(참조, 창 16:13; 18:1~2; 22:11~12; 48:16; 삿 6:16, 22; 13:22~23; 슥 3:1. 참조, 창세기 16:7 주해). 여호와의 천사는 그의 손에 칼을 든 채로 오르난(참조, 삼하 24:16; 대상 21:15의 히브리어 철자법은 오르난으로 되어 있다[※개역개정판에서 이미 오르난으로 바뀌어 있음 – 역자주]. 참조, NIV 난외주)의 타작 마당 근처에 있는 다윗에게 나타났다. 다윗과 그의 장로들은 공개적으로 회개했고, 나머지 백성들에게는 재앙을 모면케 하고 차라리 다윗 자신과 그의 가족에게 벌을 내리게 해달라고 탄원했다.

여호와의 사자는 갓에게 명하여 다윗에게 이르기를 타작 마당에 단을 쌓으라고 하였으므로 다윗은 이에 적절한 화목제를 드렸다. 그렇게 하기 위해서는 예루살렘의 정북쪽에 살고 있는 여부스 사람 오르난으로부터 그의 타작 마당을 얻는 것이 필요했다. 오르난이 천사를 보고 있는 동안에(20절) 다윗이 그에게 다가오자 오르난은 엎드려 절하고 값을 받지 않고 타작 마당을 다윗에게 내주려 하였다(21, 23절). 그러나 다윗은 그의 친절한 제공도 거절하고 대가 없이는 주님께 어떤 제사도 드리지 않겠다고 역설했다(22, 24절). 그리하여 다윗은 오르난에게 금 600세겔(약 6.8킬로그램)을 주었다. 그러나 사무엘하 24장 24절에 따르면 다윗은 훨씬 적은 값을 지불했다(은 50세겔, 약 600그램). 이 문제에 대해서는 은을 타작 마당과 인접한 커다란 땅, 즉 대지를 사기 위해 지불한 것을 기록한 것이라고 설명할 수 있다.

21:26~22:1 다윗이 단을 쌓은 후에 번제와 화목제를 드렸다. 전자는 그의 죄에 하나님의 자비를 호소한 것이고 후자는 깨어지지 않는 언약 관계의 새롭게 됨을 비는 것이었다. 하나님의 응답으로 하늘에서 불이 내려왔다는 설명대로 하나님의 반응은 호의적이었다.

다윗의 중재로 예루살렘 자체는 살아남았지만 죽음을 당한 70,000명을 구하기에는 너무 늦은 것이었다(27절. 참조, 16절).

역대기 기자는 주님께로부터 다윗이 이러한 응답을 얻었기 때문에 이 장소는 이제 특별히 의미 깊은 장소라 하였다. 결국 다윗은 모세가 광야에서 지은 장막이 위치하고 있는 기브온까지 정기적으로 가는 대신에 그곳에서 예배를 시작했다(참조, 16:39). 학자들은 다윗이 기브온으로 가지 않은 이유는 여호와의 천사의 칼을 두려워했기 때문이라고 말한다(21:30). 이것은 이 모든 경험의 결과로 다윗이 기브온이 아닌 오르난의 타작 마당이 하나님께서 선택하신 곳임을 깨달았다는 것을 의미할 것이다. 이 사실은 다음 절에서 증명된다(22:1). 다윗은 이제는 여호와 하나님의 전이 된 이 새로운 장소를 엄숙하게 공포했다. 후에 솔로몬이 같은 곳에 신전을 세우고자 했을 때(참조, 대하 3:1) 이 장소는 아브라함이 그의 아들을 제물로 드리려 한(창 22장) 모리아 산이었기 때문에 신성시되었다.

H. 성전을 위한 다윗의 계획(22:2~19)

역대기 기자의 계획과 목적 둘 모두는 본 장에서 명백히 나타난다.

그는 선을 위한 장소를 확보한 이야기를 서술함으로써 성전을 세우기 위한 다윗의 의도를 먼저 설명하고 있다(21:1~22:1). 역대기 기자는 성전을 세우려는 왕의 열정과 조직적인 예배 계획을 수립하려는 의도를 상세히 설명함으로써 성전과 관련된 다윗의 중요성을 강조하고 있다. 사무엘의 기록에는 단지 성전을 세우려는 다윗의 바람만을 언급하고 있고(삼하 7:2, 5), 한때는 다윗이 요청했으나 거절되었던 문제를 제기하고 있다. 심지어는 열왕기상에서도 다윗이 성전 건축을 위해 솔로몬에게 준비하게 했다는 어떤 흔적도 기록되어 있지 않다. 그러나 역대기 기자는 하나님이 다윗에게 성전을 세우지 말라고(17:4~12) 명하신 사실은 부정하지 않았지만, 다윗이 그 계획과 필요한 재료들을 준비하는 것이 허용되었다는 것을 이미 알고 있었다.

22:2~5 다윗은 성전(하나님의 전)을 세우기 위한 돌을 모으고 다듬기 위해 처음으로 이방 사람들 중에서 석수를 뽑았다. 이들 이방인 중에는 벽돌 쌓기에 탁월한 능력을 가진 베니게 사람들이 포함되었다. 이 외에도 철과 청동 기술자들은 문짝 못과 거멀못을 제조하는 일을 수행했다. 또한 다윗은 레바논으로부터 무수히 많은 양의 백향목을 확보하였다. 다윗은 그의 아들 솔로몬이 너무 어려서(참조, 29:1) 이스라엘의 위대하신 여호와를 위한 성전을 받들기 위해 필요한 자질을 갖추고 있지 못했기 때문에 모든 준비를 맡아 했던 것이다.

22:6~10 모든 것이 준비되자 다윗은 그의 아들을 불러서 하나님의 전을 세우기 위한 자신의 열정을 설명했다. 그러나 자신은 피를 많이 본 용사였기 때문에 여호와께서 전을 세우는 일을 자신에게 금지하셨

다는 것을 말했다. 하나님의 눈앞에서 전쟁의 피를 흘리는 것은 성전을 세우는 것과 모순되는 것이다. 결국 성전 건축을 감독하는 일에는 평화의 사람인 솔로몬(그의 이름은 '평화'라는 단어와 연관돼 있다)이 임명됐다. 놀랍게도 하나님은 다윗에게 이제 솔로몬은 하나님의 아들이 되고 솔로몬의 왕조(즉, 그의 왕국)는 영원하리라고 일러주셨다(참조, 28:7). 다윗 왕조의 왕이 하나님의 아들이 된 것은 특별히 성경에서 중요한 주제이다. 예를 들어 시편 2편에서는 하나님의 아들인 왕('하나님이 기름부은', 시 2:2)에 대해 언급하고 있다(시 2:7). 그리고 시편 2편을 인용한 히브리서의 저자는 그를 예수 그리스도로 인용하고 있다(히 1:5; 5:5). 다윗 왕조의 왕들은 그리스도의 육체적 왕조일 뿐만 아니라, 예수께서 성스러운 아들됨의 길을 예비하는 '하나님의 아들들'로서의 역할도 했다.

22:11~16 다윗은 솔로몬에게 모든 측면에서 여호와의 율법을 지키고 성전 일에 있어서 복종해야 할 의무를 부과했다. 그렇게 하면 축복이 내릴 것이다(성공, 13절). 마지막으로 다윗은 그가 준비한 것들을 솔로몬에게 알려주었다. 왕은 금 십만 달란트(3,750톤)와 은 일백만 달란트(37,500톤)를 축적하고 있었다. 이는 총 41,250톤(또는 3,742,137 킬로그램)이었다. 참으로 놀랄 만한 중량과 가치이다. 아마도 이는 주로 주변 국가를 정복하면서 강탈한 것일 것이다(삼하 8:7~13; 대상 18:11). 다윗은 또한 모든 필요한 직종의 기술을 가지고 있는 장인들을 모았다. 이 모든 일은 솔로몬이 일하기 위해서 필요한 것이었다.

22:17~19 다윗은 방백들에 대하여 "너희 하나님 여호와를 구하라"

고 말했고, 성전(하나님의 성소)을 짓기 위해 모든 방면에서 솔로몬을 돕도록 지시하며 하나님을 상징하는 거룩한 언약궤를 성전 안에 모시도록 했다.

I. 다윗의 신정 조직(23-27장)

1. 일반적인 레위인들(23~24장)

23:1~6 다윗의 생이 말년에 이르자 그는 솔로몬에게 국가 권력을 양위한 후에(1절), 열국의 요구를 만족시키는 종교적이고 정치적인 구조를 확고히 하는 행정 조직을 정비하는 과업을 수행했다. 다윗은 30세(관료가 되기 위한 법정 연령. 민 4:3)가 넘는 레위인을 계수했다. 총계가 38,000명인 레위인들 중 24,000명은 성전을 돌보는 일을 위해, 6,000명은 관원과 재판관, 4,000명은 문지기, 마지막 4,000명은 악사로 각각 분류되었다(23:3~5). 이들 각자는 레위 후손의 각 족속에 따라 각 반으로 나누었다(6절).

23:7~11 게르손 족속의 명단은 게르손의 아들 라단(6:17에서의 '립니')과 시므이로부터 시작된다. 뒤에 따라 나오는 이름은 직접적인 후손은 아니지만, 다윗 시대의 사람들로서 이 두 족속의 출신이며 여러 레위 족의 족장이 되었다. 23장 9절에 나오는 시므이는 7절과 10절에 나오는 시므이와 같은 인물이 아니다. 9절하의 내용을 정리하면 이는

명백해진다(라단의 형이 아닌 라단 후손의 명단. 8~9절). 라단 계통에서 여섯 명의 족장이 배출되었다. 세 사람은 라단에게서 직접 배출되었고(8절) 나머지 세 사람은 라단 후손을 통한 시므이의 직계였다(9절).

게르손의 아들 시므이(7절)는 네 족장을 배출했으나(10절) 두 번째의 두 족속(여우스와 브리아)은 수가 많지 않으므로 하나의 족속으로 결합했다(11절).

23:12~20 그핫의 후손 중의 하나(아므람)는 아론과 모세의 아버지가 된다(민수기 27:57~65의 주해를 보라). 물론 아론은 제사장 임무를 위해 따로 구별되지만(13절) 모세의 후손들은 레위인의 의무보다도 덜 제한되어 있다(14절). 모세의 두 아들 게르솜과 엘리에셀에게서 스브엘(16절)과 르하뱌(17절)와 같은 족장이 나타났다.

그핫의 둘째 아들 이스할은 슬로밋을 배출한 가계의 시조이다(18절). 세 번째 아들 헤브론은 네 명의 레위 족장을 낳았다(19절). 그핫의 마지막 아들 웃시엘은 미가와 잇시야의 아버지이다(20절).

23:21~32 레위의 셋째 아들인 므라리의 두 아들 마흘리와 무시에 대해서 보면, 마흘리는 엘르아살과 기스를 낳고(21~22절), 무시는 마흘리와 에델과 여레못을 낳았다(23절). 역대기 기자는 레위인의 임무를 배정할 때의 다윗의 의도를 반복함으로써 이 명단을 결말 짓는다. 다윗의 목적은 더 큰 성직자의 부담을 전제로 했기 때문에, 다윗은 레위인의 성직 맡는 일의 연령을 30세에서 20세로 낮추었다(24, 27절. 참조, 3절). 이는 더 많은 사람이 섬기는 일을 하게 하기 위한 것이다.

레위인의 주된 임무는 성전의 경내에서 제사장들(아론의 후손들)을 돕는 것이고(28절), 진설병과 고운 가루의 소제물을 준비하는 것(29절)과 번제 때에 여호와께 감사하며 찬송하는 것이었다(31~32절). .

24:1~3 앞의 계획들을 이행하기 위해서 다윗은 처음으로 제사장으로 구별된 자신을 돕게 하기 위하여 두 명의 주된 제사장 사독과 아히멜렉을 불러들였고 그들이 해야 할 직무를 할당했다. 역대기 기자는 사독은 아론의 아들 엘르아살의 후손이고 아히멜렉(아비아달의 아들. 참조, 6절)은 아론의 아들 이다말(3절)의 후손이라는 점을 지적하고 있다(나답과 아비후의 죽음은 레위기 10장을 보라). 이다말로부터 아히멜렉의 계보를 설정하는 것이 어떤 경우에도 불가능한 것이지만, 아히멜렉이 사무엘의 어린 시절 동안에 대제사장 엘리의 직접적인 계승자였다는 것은 흥미로운 사실이다(삼상 22:9, 11, 20에 따르면 아히멜렉은 엘리의 아들인 비느하스의 아들, 아히둡의 아들이다).

24:4~5 이다말의 자손보다 엘르아살의 자손이 더 많으므로, 그 계수를 나누어 본 결과는 엘르아살 자손의 우두머리가 16명이고 이다말 자손의 우두머리가 8명이었다. 24로 나누어지니 각자 일 년에 약 2주씩 봉사할 수 있게 되었다. 점차로 그들의 섬기는 일은 어느 달에나 있게 되었다. 성소의 일을 다스리는 자와 하나님의 일을 다스리는 자라는 구절은 백성들의 관원과는 구분되는 '성전의 관원', 즉 '여호와의 관원'으로 바꿀 수도 있다.

24:6~19 제사장과 레위인의 이름은 다윗과 방백들이 보는 앞에서 스마야에 의해 기록되었다. 사독과 아히멜렉은 목록상 처음으로 기록되

어 있고, 엘르아살과 이다말의 후손의 구성원은 서로 번갈아가며 뽑는 형태로(6절하) 기록되어 있다(7~18절). 이러한 이름들은 사적인 이름들이지만, 그들 역시 그들에게 분담된 섬기는 일에 봉사하게 되어 있다. 예를 들면 여호야립과 여다야(7절)는 바벨론 유수로부터 돌아온 사람들 중에서 기록된 이름이다(9:10. 참조, 느 7:39). 세례 요한의 아버지인 사가랴는 아비야의 계열에서 나왔다(24:10. 참조, 눅 1:5). 나머지 이름들 중의 대부분은 제사장들이며 다른 곳에서는 언급되지 않는다.

24:20~31 레위인들은 백성들을 돌보는 일로 구별된 제사장은 아니었다. 그들의 명단은 아므람과 그의 아들 수바엘(20절), 그리고 수바엘의 아들 예드야로 시작된다. 두 번째의 아므람 족속은 르하뱌와 그의 아들 잇시야이다(21절. 참조, 23:16~20). 그 다음에는 이스할의 아들들(24:22. 참조, 23:18), 헤브론의 아들들(24:23. 참조, 23:19)과 웃시엘의 아들들(24:24~25. 참조, 23:20)이 기록되어 있다. 이들은 모두 그핫의 사람들이다(참조, 23:12).

역대기 기자는 다음으로 레위의 세 번째 아들 므라리의 계보를 기록하고 있다(24:26~30). 이 이름들은 기스의 아들 여라므엘(24:29)과 야아시야에 대한 완전히 새로운 계보(26~27절)를 첨가한 것을 제외하고는 23장 21~23절의 내용과 같다. 게르손의 계보가 23장 7~11절에는 기록되었지만 여기에서 생략된 이유는 잘 알려져 있지 않다. 제비를 뽑아서 각각의 반열이 섬기는 일을 수행했으므로(24:31. 참조, 5; 눅 1:9) 그들이 섬기는 직분에 있어서 한결같은 대우를 받았다(참조, 23:28~32).

2. 레위인 찬양대(25장)

25:1 신령한 목소리와 악기를 맡는 일은 이전에 아삽, 헤만, 여두둔(에단으로도 알려짐. 참조, 15:17, 19)에게 할당되었으나, 25장의 명단에는 그들 및 그들의 뒤를 이은 자들과 함께 장관직을 맡은 족속의 이름이 있다. 그들을 '신령한 노래를 하는 자'로 불렀던 것(25:1)은 신성함을 나타내는 음악에 대한 선포와 신령한 찬송과 예배의 표현을 의미하는 것이다(참조, 삼상 10:5; 왕하 3:15). 다윗이 그들을 임명할 때 군대 장관이 같이 언급되는 것은 아마도 종교와 군사 분야 사이에 긴밀한 관계가 있음을 암시하는 것이다. 이것은 음악과 하나님의 궤가 전쟁 중에 군대와 동행하는 신령한 전쟁에 대한 고대의 개념을 강조하는 것일 것이다(참조, 수 6:1~11).

25:2~31 아삽의 아들들은 2, 9절상, 10~11, 14절에 기록되어 있다(14절의 여사렐라는 2절의 아사렐라의 다른 이름이다. 14절 이해를 위해 NIV 난외주 참조). 아삽의 아들과 그의 친족들은 성가대 24반열 중 4개를 구성하고 있다. 여두둔의 아들들(3절)과 더불어 그들의 아들들과 친족들은 6반열을 구성하고 있었다(9절하, 11절[이스리는 3절에서는 스리로 되어 있다. 11절의 이해를 위해 NIV 난외주 참조], 15, 17, 19, 21절). 헤만의 아들들(4절)은 모두 14반열을 구성하고 있으며 그들 각자의 이름은 많이 기록되어 있다(13, 16, 18[아사렐은 4절에서의 웃시엘의 다른 이름이다. 18절의 이해를 위해 NIV 난외주 참조], 20, 22~31절). 각기 12명으로 된 24반열의 총 인원은 288명이 된다(7절). 제비뽑기에 의해서 직임을 임명한 것은 그들의 임무 할당에 있어서 편

애가 없음을 증명하는 것이다(8절).

3. 레위인 문지기(26:1~19)

26:1~3 문지기들은 아삽과 매우 긴밀한 관계를 맺어왔기 때문에 기능면에 있어서는 성가대와 매우 밀접하게 관련되어 있었다. 문지기 반들 중에서 그 첫째는 므셀레먀의 아들들(1~3절)이고 그의 아들들은 고라 족속으로 불렸다. 즉 레위 아들인 그핫의 아들 이스할, 그의 아들인 고라의 후손인 것이다(참조, 출 6:16, 18, 21). 므셀레먀 자신은 아삽의 아들 중의 하나인 고레의 아들이다. 반면 아삽은 게르손(그핫의 형제)의 후손처럼 다른 곳에(6:39~43) 기록되어 있기 때문에, 여기서는 9장 19절에 있는(출애굽기 6장 24절에는 아비아삽으로 되어 있다) 에비아삽의 철자가 줄여진 형태의 아삽이라고 이해하는 것이 더 나을 것이다.

26:4~5 문지기 반의 두 번째는 오벧에돔 가족의 후손들이다. 여호와께서 오벧에돔에게 축복을 내리셨다는 언급은, 하나님의 언약궤를 그의 집에 머물게 하려 하나님으로부터 축복을 받은 오벧에돔이 바로 그 사람이라는 점을 보여주고 있다(13:14). 그러나 앞에서 언급했듯이(참조, 16:38 주해) 언약궤를 모시고 있었던 오벧에돔은 성소의 궤를 맡은 장관이 되어 있었다. 지금 이 구문에 있는 문지기 오벧에돔은 여두둔의 아들로 밝혀진 16장 38절의 오벧에돔이 확실하다.

여두둔(에단으로도 불린다)이 므라리(6:44~47)의 후손이라는 관점에서 문지기 오벧에돔이 여두둔의 다른 아들이라면, 사실상 여기서의 오벧에돔(26:4)은 그핫의 계통이라고 봐도 별다른 문제는 없다. 그렇다면 악사와 언약궤의 성직자로서의 오벧에돔(13:14; 15:21; 16:38상)과 정식 문지기로서의 오벧에돔(16:38하; 26:4, 8, 15)이 따로 존재하는 셈이다. 외관상으로 처음에 오벧에돔은 임시직 성문지기이며(15:18) 또한 성막의 문지기(15:24. 참조, 16:4~5)였다.

26:6~11 문지기 반의 세 번째는 스마야가 주가 되는 오벧에돔 혈통의 일부분으로 구성되어 있다. 레위 지파인 그핫의 문지기 세 번째 반의 총인원은 80명이 된다(8~9절). 므라리 지파는 호사와 13명이나 되는 그의 가족들로 나타난다. 결국 모든 면에 있어서 그핫의 세 개 반(2~3, 9, 4~5, 6~8절)과 므라리 한 반(10~11절)이 섬기는 일을 맡은 것이다.

26:12~19 이 모든 문지기들은 악대, 제사장들 그리고 레위인이 했던 것처럼 제비뽑기(13절)에 의해 그들의 위치를 할당받았다(24:5, 31; 25:8). 동쪽 문은 셸레먀(26:1의 므셀레먀와 동일) 가족의 책임이 되었다. 그의 아들 스가랴는 북쪽 문을 맡았다(14절). 남쪽 문과 곳간은 오벧에돔과 그의 아들들에게 제비뽑기를 통해서 맡겨졌다(15절). 마지막으로 서쪽 문과 살래겟 문(다르게 알려진 것이 없다)은 숩빔과 호사가 책임지게 되었다. 숩빔은 7장 12절에서만 나타나고 그 의미는 사소한 이름이기 때문에 명백하지 못하다('숩빔 족', 26:16에서 불확실하게 나타난다). 어떤 때는 22명의 문지기가 있다고 하지만(17~18절) 이는 문지기 인원 4,000명의 우두머리(12절)를 의미하는 것이라고 생각된다(참조, 23:5).

4. 레위인 창고 관리인들(26:20~28)

26:20~25 NIV 난외주에서 밝혔듯이 '그들의 동료인 레위'(※NIV에 나오는 표현-역자주)라는 표현은 70인역에서 나온 것이다. 히브리어로는 '레위인 아히야는'으로 되어 있다. 이것은 좋은 의미를 가지고 있기에 주목하게 된다. 명백하게 아히야라는 이름은 23~26장의 어느 곳에서도 보이지 않고 다른 상태로도 확인되고 있지 않지만, 이것을 두고 70인역의 의도를 따라 히브리어 성경를 배척하기 위한 근거로 삼기에는 불충분하다. 아히야는 신전에서 곳간의 임무 모든 것을 맡고 있었다. 그 곳간들에는 십일조, 제물, 여호와의 백성들이 여호와께 바친 여러 가지 재원들의 세입으로 가득 차 있었다(참조, 스 2:69).

곳간의 관리는 (a) 라단(립니라고도 함. 참조, 출 6:17; 대상 6:17) 계통에서의 레위인들, 게르손의 후손이 되는 레위인들과 여히엘리(26:21~22)의 가족에 의해 족장이 된 레위인들의 책임이 되었고 (b) 스브엘과 그의 후손들에 의해 족장이 된 모세의 가계를 통한(26:24~25. 참조, 23:16) 그핫(이 족속들은 23절에 적혀있다. 참조, 23:12)의 후손이 되는 레위인들의 책임이 되었다.

26:26~28 전쟁을 통한 노획물로 채워진 곳간의 일부와(27절) 다윗(26절), 사무엘, 사울, 아브넬, 그리고 요압(28절)이 특별히 헌납한 다른 제물들은 모세의 두 번째 아들 엘리에셀의 후손인 슬로못의 수하에 있게 되었다(25절. 참조, 23:17[23:18의 슬로밋은 26:25의 슬로못이 아니다]).

5. 레위인 통치자들(26:29~32)

26:29~32 23~28절에 기록한 바와 같이 아므람 족속들이 곳간을 맡았던 반면, 그들의 형제인 이스할 족속은 외부의 일을 맡게 되었다. 즉 그들은 성소로부터 떨어진 외부의 일을 맡을 의무가 있었다(29절). 그핫의 셋째 아들인 헤브론의 자손들이 왕국의 모든 일을 맡아 하기로 했다. 하사뱌의 수하에 있는 1,700명의 동족 용사들은 서쪽 부족에서 봉사했다(30절). 더욱이 여리야 밑의 동족 2,700명은 요단 건너편에서 봉사했다(31~32절). 이러한 직분과 임무의 분배는 다윗 왕 40년(마지막 해)에 이루어졌다. 23장 4절에 있는 6,000명의 관원과 재판관들은 1,700명 및 2,700명의 '외부의' 레위인(26:30, 32)에다 성소의 보물을 담당한 레위인(20~22절)을 더한 것이다.

6. 군대조직과 행정조직(27장)

27:1~15 다윗의 이스라엘 군대의 조직은 각기 24,000명씩 12반열로 구성되어 있다. 각기의 반열은 한 해에 한 달씩의 종사 의무를 지니고 있었다. 지리적으로 담당하는 것을 결정하는 일은 불가능했을 것이나 달마다 소집한 것은 부족의 단위와 거의 대응되기 때문일 것이다(참조, 왕상 4:7~19). 다윗 반열의 우두머리의 명단 대부분은 그의 용사들을 기록한 명단에서도 나타난다. 유대 사람 야소브암(베레스의 후손, 3절)의 용맹(27:2)은 11장 11절에 기록되어 있다(참조, 삼하 23:8. 참조, NIV 난외주). 도대는 용사 엘르아살의 아버지이다(11:12). 도대 반열의 주장은 미글롯이다(27:4). 그의 아들 암미사밧에 의해 주장된 브나야

(27:5~6)는 30인의 용사보다 뛰어나고, '두 번째 3인'(11:22~25)에 들어간 유명한 용사였다. 아사헬은 물론 다윗의 친 조카이며 요압의 형제(27:7. 참조, 11:26)이다. 삼훗(shamhuth. 11:27에는 Shammoth라고 되어 있다)은 다섯 번째 달 담당이 되었다. 이라 역시 드고아 사람의 아들이며(27:9) 11장 28절에 기록되어 있다.

에브라임 자손에 속한 헬레스(27:10)는 앞에서 발론 사람(11:27)이라고만 기록되어 있다. 십브개(27:11)는 유다인(참조, 13절, 세라는 유다의 아들이다. 2:4)이고 용사의 명단(11:29) 중에도 나타난다. 베냐민 자손이며 아나돗 사람(참조, 렘 1:1)인 아비에셀(27:12)은 역대상 11장 28절에 언급되어 있다. 세라(참조, 11절)의 두 번째 자손이며 유다인인 마하래(27:13)는 11장 30절에 나타난다. 비라돈 사람 브나야(27:14)는 5절에 나오는 브나야와 다른 인물로서 11장 31절에 기록되어 있다. 마지막으로 이스라엘의 첫 번째 사사인 옷니엘(27:15)의 후손인 헬대는 12번째 반열의 족장이다. 그와 옷니엘과의 관련성은 용사의 명단에는 언급되지 않았다(11:30. 참조, 삼하 23:29에서 그의 이름이 헬대라고 되어 있다).

27:16~24 온 지파를 다스리는 자들에 대한 이 기록은 준군사에 해당되는 것이다. 사독(17절)이나 엘리후(18절. 사무엘상 16장 6절에 엘리압이라 불림)는 잘 알려진 자들이라 할지라도 이들 지도자의 대부분은 오직 이곳에만 기록되어 있다. 분명하게 삭제된 것은 갓과 아셀 지파이다. 12지파라는 이상적인 수의 합계는 레위 지파(27:17)와 동서 양편의 므낫세 지파(20~21절)를 포함시킴으로써 계속 유지된다. 부족의 관원들을 기록하고 나서 역대기 기자는 다시 잘 조사되지 못한 다윗의 인

구조사를 기록하고 있는데, 그 작성표는 하나님의 진노로 인해 완성되지 못한 채로 남아 있다(23~24절. 참조, 21:2~5). 다윗은 다시 한 번 구속하시는 하나님의 손길을 신뢰하고 그대로 놔두었던 군역에 해당하는 나이의 남자들만을 헤아리고 있다(이는 '다윗 왕 실록'에 기록돼 있다. 왕상 14:19의 주해를 보라).

27:25~34 이 마지막 명단은 다윗의 관원들의 여러 가지 직분을 통합한 감독자들의 이름을 기록하고 있다. 아스마웻은 예루살렘에서 왕의 곳간을 맡았고, 요나단은 그 외의 왕의 재산을 감독했다(25절). 에스리는 밭 가는 농민을 감독했으며(26절) 포도원의 시므이(27절), 포도주 곳간의 삽디(27절), 감람나무와 뽕나무를 맡았던 바알하난 및 기름을 공급하는 요아스(28절)등이 있다. 시드래는 사론에서 먹이는 소떼를 맡았고(29절, 사론은 지중해를 따라 있는 중앙 구릉 지대 서쪽에 있었다), 사밧은 골짜기의 소 떼를 맡았고(29절) 오빌은 낙타를 맡았으며(30절), 예드야는 나귀를 맡았고(30절) 야시스는 양 떼를 맡았다(30절). 다윗의 숙부 요나단(아마도 '조카'는 이 말에 대한 의미일 것이다. 참조, 삼하 21:21)은 모사가 되었고 여히엘은 다윗 아들들의 수종자가 되었다(27:32). 아히도벨은 또 다른 모사가 되었고(참조, 삼하 15:12) 후새는 가까운 벗이 되었다(27:33). 역대기 기자가 압살롬의 반란(삼하 15:31) 때에 다윗에게 불충성했던 아히도벨의 이야기를 연관시키지는 않았지만, 그는 여호야다와 아비아달에 의해 계승된(삼하 15:35) 아히도벨에 대해서 언급하고 있다. 명단은 왕의 군대 장관 요압으로 끝이 난다(27:34).

1. 성전에 관한 다윗의 당부(28:1~10)

28:1~10 다윗은 미리 주를 위한 성전을 지을 꿈을 이스라엘의 고관 (27장에 모두 기록되어 있다)들에게 얘기하고 있다. 사실 그는 벌써부터 건축할 재료들을 모아놓기 시작했던 것이다(22장). 이제 그의 생애의 마지막이라는 절박한 상황 속에서 그는 모든 지도자들을 한 곳에 모으고, 솔로몬의 왕권을 인정할 것과 거대한 기업 가운데 그를 따를 것을 권고하고 있다. 다윗은 하나님께서 이 땅위의 통치를 상징할 만한 거룩한 목적물로서 이 성소에 언약궤를 두실 것이라고 말하고 있다.

그리고 다윗은 성전을 지으려고 시도했던 자신의 과거를 말했다. 그의 시도는 솔로몬(평화의 사람, 22:9)을 성전 건축자로 지목하셨던 하나님의 명령으로 인해 결실을 맺지 못하고 말았던 것이다(28:2~7). 솔로몬은 선택된 유다 지파로부터 선별된 다윗의 아들로 지목되었기 때문에 그에게 자격이 주어졌던 것이다(4절). 솔로몬은 독특한 방법으로 (참조, 17:13과 22:10에 언급됨), 즉 '하나님의 아들'('내 아들', 6절)이라고 불렀다. 솔로몬이 만일 주께 대한 신뢰를 끝까지 지킨다면 그의 나라는 영원할 것이었다(28:6~7. 참조, 22:10).

다윗은 성스러운 언약을 지킬 것과 성전에 대한 계획을 가지고 행복한 결말을 주실 하나님을 신뢰할 것을 백성들과(28:8) 솔로몬(9~10절)에게 다짐하면서 그의 이야기를 끝맺었다. 다윗은 솔로몬에게 온전한 마음과 기쁜 마음으로 하나님께 봉사할 것(참조, 9절)과 모든 사람의 마음과 생각을 아시는 여호와를 깨달을 것을 명했다.

2. 성전에 관한 다윗의 계획(28:11~21)

28:11~21 가장 놀랄만한 이 선포에서 다윗은 성령이 그에게 보여준 대로 성소와 그 기구들에 대한 명세서와 설계도를 솔로몬에게 주었다 (11~12, 19절). 건축은 인간의 손에 의해 이루어졌지만 그 성소의 설계와 의미는 하나님에 의해서 이루어진 것이다. 여기에는 제사장과 레위인들이 맡은 성직과(13절) 성소에 바쳐진 기구들을 만들기 위한 은과 금의 중량들 또한 기록되어 있다(14~18절). 어떤 것이라도 놓치기를 원치 않았으므로 다윗은 하늘에서 내린 계시의 어떤 세부적인 것이라도 기록하고 있었다(19절). 다윗은 솔로몬에게 임무에 충실할 것(참조, 10절)과 겁내지 말고 용감할 것을 권고했는데, 그 이유는 하나님이 그와 함께하시기 때문이며(20절) 또 일하는 자들이 기꺼이 그를 도울 것이기 때문이다(21절).

3. 봉헌을 위한 다윗의 호소(29:1~9)

29:1~5상 온 회중을 모아놓고, 다윗은 솔로몬이 어리고 경험이 적은 것을 다시 한 번 강조하며(참조, 22:5) 그들이 짓는 건축물이 단지 인간의 왕을 위한 궁전이 아니라 전능하신 하나님이 거하실 성전임을 깨닫는 것의 중요성을 말하고 있다. 이 사업은 위대한 것이었으며, 따라서 성전을 세우기 위해서는 엄청난 규모의 재료가 필요했다. 그리고

이러한 예로 그는 이미 성전을 세우기 위해 필요한 금, 은, 놋, 철, 나무, 진귀한 보석 그리고 다른 재료들을 헌물로 가지고 있다고 강조했다(28:2). 이외에 그는 자신의 소유인 아프리카 동쪽 해안 또는 아라비아 서쪽 해안에 있는 오빌(참조, 왕상 9:28; 10:11; 22:48; 대하 8:18; 9:10; 사 13:12)의 금 3,000달란트(약 110톤)와 은 7,000달란트(약 260톤)를 헌금할 것을 맹세했다. 이 헌금의 양은 그가 이미 바쳤던 헌금의 양을 합한 것보다 훨씬 많은 것이었다(참조, 22:14 주해).

29:5하~9 다윗은 그의 헌금(2~5절)에 근거하여 초청에 기꺼이 참석했던 다른 고관들에게 즐거이 헌납할 것을 역설했다. 그들은 기꺼이(참조, 9절) 금 5,000달란트(약 190톤)와 금 10,000다릭 (약 84킬로그램)과 은 10,000달란트(약 375톤)와 놋 18,000달란트(약 675톤)와 철 100,000 달란트(약 3,750톤)를 헌납했다. 거기에다가 보석을 가지고 있던 자들은 보석을 바쳤다. 그 결과로 회중과 다윗 자신은 기쁨을 감출 수 없었다. 다윗과 족장들은 금, 은, 놋으로는 46,610톤(42,283,880킬로그램)이 넘는 막대한 무게의 재료와 계산할 수도 없을 만큼의 쇠붙이, 돌, 재목 등을 바쳤다(22:14; 29:4, 7).

4. 다윗의 기도와 봉헌제사(29:10~22상)

29:10~20 백성들이 거의 자발적으로 아낌없는 행동을 한 까닭에 다윗은 여호와께 송축을 드리기 시작했다. 다윗은 마침내 이스라엘의 하나님으로서 여호와를 찬양했고(10절) 여호와의 광대하심, 전능하심, 영광, 그리고 그의 위엄을 찬양했다(10절하~11절). 또한 다윗은 여호

와 하나님은 백성들의 요구를 들어주실 수 있는 분이라는 사실을 시인했다(12절하). 다음에 그는 여호와는 그분의 손으로 무엇이든지 하실 수 있는(29:14~16) 본래의 공급자이시기 때문에(참조, 약 1:17) 그들이 받아왔던 축복이 가능했던 것을 찬양하고 감사의 예를 올렸다(13절). 또한 다윗은 성의 없이 바치는 것은 소용이 없으니 그와 다른 사람들이 거짓 없는 마음을 가지고 바쳐야 한다고 말했다(17절. 참조, 28:9).

마지막으로 조상인 아브라함, 이삭, 이스라엘에게 약속하신 여호와를 언급하면서, 그는 백성의 생각을 지키시고 그들의 충성심을 지키시며(29:18) 특별히 솔로몬이 하나님과 성전을 짓는 일에 완전히 헌신할 수 있도록 축복이 계속 임하게 해달라고 여호와께 간구했다(19절. 참조, 28:9). 기도 후에 다윗은 주님께 찬양을 드리자고 회중에게 외쳤다(29:20).

29:21~22상 이튿날 그의 기도는 엄청난 양의 가축(모두 3,000마리)을 봉헌제사로 드림으로써 이행되었으며, 이러한 제사는 여호와 앞에서 백성들에게 커다란 기쁨을 주었다.

K. 다윗의 후계자(29:22하~30)

29:22하~23 마지막에 기록된 다윗의 행적은 왕으로서의 솔로몬의 지위를 인정한 것이다(왕상 1:38~40; 2:1). 그들이 얼마 동안이나 함께 통치했는지는 알 수 없는데, 사실 그것은 별로 문제가 되지 않는다. 사

독에게도 또한 다시 기름이 부어졌다.

29:24~25 솔로몬의 계승이 백성들에게 공인되자 그는 이제 다윗 대신 왕이 되었다. 이것에 대한 신성한 확인은 솔로몬에 대한 여호와의 축복으로 명백히 나타났다. 하나님은 그를 칭찬하고 전례 없는 왕의 위엄을 부여하셨다(25절. 참조, 23절, '형통하니').

29:26~30 이 마지막 절에는 헤브론에서의 즉위에서부터(삼하 5:1~5) 죽을 때까지의 다윗의 치세를 정리해 놓았다. 역대기 기자가 기록한 다윗의 치세에 대한 완벽한 기사는 사무엘의 기록(삼하 1~24장의 언급인 것으로 보인다), 나단, 그리고 갓(삼상 25~삼하 24장은 나단과 갓에 의한 기록이다)의 기록에서 확인할 수 있다. 역대기 기자는 이러한 기록에다 자신의 특별한 관점에서의 목적에 따라 자신의 증언(역대상)을 첨가한 것이다.

참고문헌

• Ackroyd, Peter R. I *and* II *Chronicles, Ezra, Nehemiah*. Torch Bible Commentaries. London: SCM Press, 1973

• Coggins, R.J. *The First and Second Book of the Chronicles*. New York: Cambridge University Press, 1976.

• Curtis, Edward Lewis, and Madsen, Albert Alonzo. *A Critical and Exegetical Commentary on the Books of Chronicles*. The International Critical Commentary. Edinburgh: T. & T. Clark, 1910

• Keil. C.F. "The Books of the Chronicles." In *Commentary on the Old Testament in Ten Volumes*. Vol. 3. Reprint (25 vols. In 10). Grand Rapids: Wm. B. Eerdmans Publishing Co., 1982

• Myers, Jacob M. I *Chronicles*. The Anchor Bible. Garden City, N.Y.: Doubleday & Co., 1965.

• Sailhamer, John. *First and Second Chronicles*. Chicago: Moody Press, 1983.

• Slotki, I.W. Chronicles: *Hebrew Text and English Translation with an introduction and Commentary*. London: Soncino Press, 1952.

• Zöckler, Otto. "The Books of the Chronicles." *In Commentary on the Holy Scriptures, Critical Doctrinal, and Homiletical*. Vol. 4. Reprint(24 vols. in 12). Grand Rapids: Zondervan Publishing House, 1960.

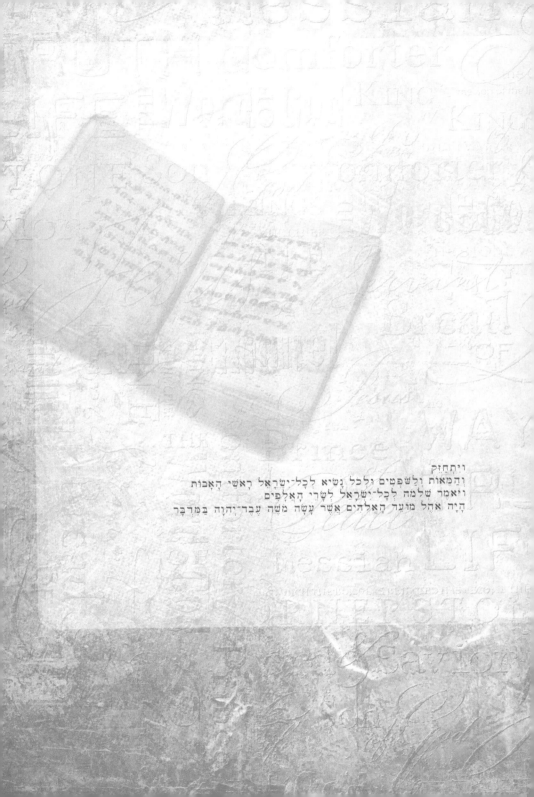

וַיִּתְחַזֵּק
וְהַמַּאֲוֹת וְלַשֹּׁפְטִים וּלְכֹל נָשִׂיא לְכָל־יִשְׂרָאֵל רָאשֵׁי הָאָבוֹת
וַיֹּאמֶר שְׁלֹמֹה לְכָל־יִשְׂרָאֵל לְשָׂרֵי הָאֲלָפִים
הָיָה אֹהֶל מוֹעֵד הָאֱלֹהִים אֲשֶׁר עָשָׂה מֹשֶׁה עֶבֶד־יְהוָה בַּמִּדְבָּר

The Bible Knowledge
Commentary 7

2 Chronicles
개요

The Bible Knowledge
Commentary

서론
역대상 서론 참조

개요

I. 솔로몬의 통치(1~9장)

A. 솔로몬의 지혜와 번영(1장)

B. 성전 건축(2:1~5:1)

   1. 성전 건축을 위한 준비(2장)

   2. 성전 내부 장식(3장)

   3. 성전 기구(4:1~5:1)

C. 성전의 봉헌(5:2~7:10)

   1. 언약궤를 들여옴(5:2~14)

   2. 솔로몬의 축복과 기도(6장)

   3. 솔로몬의 제사(7:1~10)

D. 하나님의 축복과 저주(7:11~22)

E. 솔로몬의 업적들(8~9장)

   1. 정치적인 업적(8:1~11)

   2. 종교적인 업적(8:12~16)

   3. 경제적인 업적(8:17~9:31)

II. 다윗 왕조의 통치(10~36장)

    A. 르호보암(10~12장)

      1. 국가의 분열: 이스라엘과 유다(10장)

      2. 르호보암의 수비 강화와 그의 가족(11장)

      3. 애굽의 예루살렘 침공(12장)

    B. 아비야(13장)

    C. 아사(14~16장)

      1. 아사가 하나님께 순종함(14장)

      2. 아사의 종교개혁(15장)

      3. 아사가 아람과 조약을 맺음(16장)

    D. 여호사밧(17~20장)

      1. 여호사밧의 강력한 왕국(17장)

      2. 여호사밧이 아합과 동맹을 맺음(18:1~19:3)

      3. 여호사밧이 재판관들을 임명함(19:4~11)

      4. 외국의 동맹국들이 여호사밧에게 패배당함(20:1~30)

      5. 여호사밧의 말년(20:31~37)

The Bible Knowledge
Commentary

N. 므낫세(33:1~20)

O. 아몬(33:21~25)

P. 요시야(34~35장)

   1. 요시야의 종교개혁(34장)

   2. 요시야의 대유월절(35:1~19)

   3. 요시야와 느고의 접전(35:20~27)

Q. 여호아하스(36:1~4)

R. 여호야김(36:5~8)

S. 여호야긴(36:9~10)

T. 시드기야(36:11~16)

U. 바벨론의 예루살렘 정복과 포로생활의 시작(36:17~21)

V. 고레스의 칙령(36:22~23)

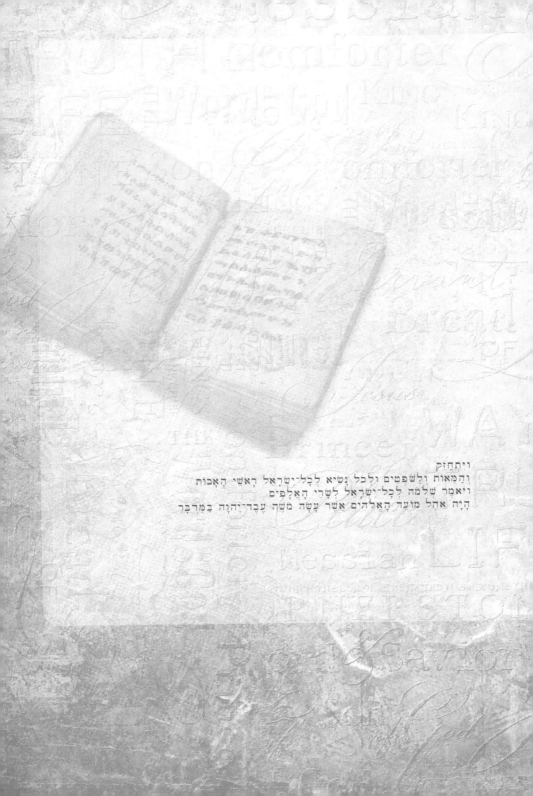

וַיִּתְחַזֵּק
וְהַמָּאוֹת וְלַשֹּׁפְטִים וּלְכֹל נָשִׂיא לְכָל־יִשְׂרָאֵל רָאשֵׁי הָאָבוֹת
וַיֹּאמֶר שְׁלֹמֹה לְכָל־יִשְׂרָאֵל לְשָׂרֵי הָאֲלָפִים
הָיָה אֹהֶל מוֹעֵד הָאֱלֹהִים אֲשֶׁר עָשָׂה מֹשֶׁה עֶבֶד־יְהוָה בַּמִּדְבָּר

The Bible Knowledge
Commentary 7

2 Chronicles
주해

The Bible Knowledge
Commentary

주해

I. 솔로몬의 통치(1~9장)

A. 솔로몬의 지혜와 번영(1장)

1:1~6 솔로몬은 왕위에 오르면서부터 왕국을 확고하게 다스려갔다. 이
것은 하나님의 임재하심과 축복으로 가능했다(1절).

솔로몬과 이스라엘의 지도자들은 성막(회막)이 있는 기브온으로 가
서 거기에 있는 대형 놋 번제단(이것은 모세의 지시를 받아서[출 38:17]
브살렐이 만든 것인데[참조, 출 31:11] 그때까지 기브온에 있었다[참조,
대상 16:39~40; 출 38:1~7])에서 제사를 드렸다. 하지만 법궤는 다윗이
기럇여아림에서 예루살렘으로 옮겨놓은 이후로 예루살렘에 있었다(사
무엘상 6장의 '언약궤의 운반 경로' 지도를 보라). 솔로몬은 이스라엘의
지도자들과 더불어 단번에 일천 번제를 드림으로써 여호와께 대한 자신
들의 온전한 헌신을 표시했다(1:6).

1:7~13 그 날 밤에 여호와께서 솔로몬에게 나타나셔서(이것은 꿈에 나타나셨다는 것을 의미한다. 참조, 왕상 3:5) 그의 일천 번제에 응답하시고 솔로몬에게 무엇이든 구하라고 말씀하셨다. 솔로몬은 나이가 어리고 경험이 없었기 때문에(대상 22:5; 29:1) 하나님께서 그에게 허락하신 그 많은 백성들("땅의 티끌 같이 많은 백성." 참조, 창 13:16)을 다스릴 엄두가 나지 않았다. 그래서 솔로몬은 백성들을 다스리기에 부족함이 없는 지혜와 지식을 주시기를 간구했다(1:8~10). '지혜'(호크마: הָכְמָה)는 분별력과 판단력을 가리키며 '지식'(마다: מַדָּע)은 일상 생활에서의 실제적인 행동을 의미한다.

자신의 유익을 구하지 않고 백성들을 잘 다스릴 수 있도록 지혜와 지식을 달라고 하는 솔로몬의 순수한 마음을 보시고 여호와께서는 솔로몬이 구하는 것뿐만 아니라 그 외의 것들도 주셨다. 하나님께서는 지금까지 누구도 누려보지 못한 부와 재물과 영광을 솔로몬에게 주시겠다고 말씀하셨다(11~12절. 참조, 대상 29:25).

1:14~17 역대기 기자는 하나님께서 결코 약속을 어기지 않으신다는 사

실을 보여주기 위해 하나님께서 솔로몬에게 내리신 물질적인 축복들을 세세히 제시하고 있다. 솔로몬은 1,400대의 병거와 12,000명의 마병(참조, NIV 난외주. 히브리 원어는 '말'과 '마병' 모두를 의미할 수 있다) 마병을 소유했으며 그것을 병거성(참조, 왕상 9:19)과 예루살렘에 두었다. 당시 어느 성이 병거성이었는지는 확인할 길이 없다. 어떤 사람들은 열왕기상 9장 15절에 근거해서 게셀과 하솔, 므깃도를 병거성으로 보고 있지만 확실한 것은 아니다.

역대기 기자는 솔로몬이 소유한 금과 은의 숫자를 과장해서 말하고 있는데 금과 은이 마치 이스라엘에서는 돌처럼 흔했다고 말한다. 그리고 백향목이 서부 구릉지대의 뽕나무처럼 흔했다고 기록하고 있다.

솔로몬은(외국과 무역을 하면서) 말과 병거를 들여와서 많은 이익을 보았다. 그는 애굽(혹은 소아시아 지역의 무스리)과 쿠에(오늘날의 터키의 남부지역에 있는 시실리아로 추정된다. 참조, NIV 난외주)에서 말과 병거를 수입했다. 솔로몬은 그 가운데 얼마는 자신이 보유하고 나머지는 다시 수출을 했는데 특히 헷과 아람 사람들에게 팔았다. 병거 한 대의 가격은 은 600세겔, 말 한 필은 은 150세겔이었다. 솔로몬은 이러한 무역을 통해 상당한 이익을 얻었다. 하지만 솔로몬은 너무 많은 말, 금, 은을 축적하지 말았어야 했다(신 17:16~17). 이러한 것들은 사람들이 하나님을 섬기도록 하지 않게 하고 오히려 물질적인 유혹에 빠져 들게 한다.

B. 성전 건축(2:1~5:1)

1. 성전 건축을 위한 준비(2장)

하나님께서는 다윗이 성전을 건축하려고 했을 때 그것을 거부하셨다. 하지만 성전 건축과 장식에 대한 구체적인 사항들을 알려주셨다. 그래서 다윗은 성전 부지를 사들이고 성전을 건축할 목공들과 거기에 필요한 재료들을 구입했다(대상 21:18~22:19; 28~29장). 다윗이 정성들여서 준비한 성전 건축에 대한 모든 것은 그의 아들인 솔로몬에게 주어졌으며 솔로몬 때에 와서 성전을 건축했다.

2:1~6 솔로몬은 먼저 성전 건축 사역을 도울 외국인들을 모집했다. 그들은 자재를 운반하는 사람 70,000명, 돌을 떠낼 자 80,000명, 그리고 감독하는 사람 3,600명으로 이루어져 있었다(2절. 참조, 18절). 이렇게 편성하고 나서 솔로몬은 페니키아의 두로 왕 후람에게 편지를 보내서, 그의 선친인 다윗이 후람에게 알린 대로(참조, 왕상 5:3) 이제 성전 건축을 시작하려고 한다고 전했다. 이 성전은 제사를 드리는 곳이 될 것이며 또한 모든 신들 위에 계시는 하나님의 영광에 어울리게 크고 장엄하게 건축할 것이라고 전했다(2:5). 솔로몬이 이 편지에서 '모든 신'이라고 언급하는 것은 그가 다른 신들이 있다는 사실을 믿은 것을 의미하지는 않는다. 솔로몬의 이러한 표현은 그가 다신교적인 이방의 왕 후람에게 여호와께서 위대하시고 유일하신 분이라는 사실을 알리기 위해 사용되었다(참조, 사 40:18~26; 46:3~7). 솔로몬은 이렇게 고백한다. 그는 아무리 높은 하늘이

라도 하나님을 포용할 수 없으며 하나님께서 인간이 지어놓은 성전에만 계시는 것은 아니라는 것이다.

2:7~10 그럼에도 불구하고 하나님께 영광을 돌리기 위해서 성전을 짓는 것은 인간이 수행해야 했다. 페니키아 사람들은 당시 탁월한 건축술로 세계적으로 인정을 받았다. 솔로몬은 후람에게 보낸 편지에서 많은 일꾼들을 다스리고 그들에게 일을 시킬 수 있는 유능한 사람을 보내달라고 간청했다(7절). 그리고 솔로몬은 후람에게 백향목(참조, 9:10~11 주해)과 나무를 베는 사람들을 보내주면 그 대가로 밀 20,000고르와 보리 20,000고르와 포도주 20,000밧(약 435,322리터)과 기름 20,000밧을 주겠다고 제안했다(2:8~10).

2:11~12 후람은 솔로몬의 이 제안을 기꺼이 수락했는데 그는 솔로몬이 합법적으로, 그리고 신의 위임에 의해서 왕위에 올랐음을 알았다. 그래서 후람은 솔로몬의 제의를 받아들였다. 후람이 "천지를 지으신 이스라엘의 하나님 여호와"(12절)라는 말을 사용하고 있는데 이것은 형식적인 표현일 뿐, 그가 진정으로 하나님을 믿었다는 것을 가리키지는 않는다.

2:13~16 후람이 선택해서 솔로몬에게 보낸 사람은 '후람에게 속한 자'였는데 그의 모친이 단 지파 출신이었다. 열왕기상 7장 14절에 따르면 그의 어머니는 납달리 지파의 과부로 기록되어 있다. 이러한 두 기록의 차이는 다음과 같이 설명된다. '후람에게 속한 자'의 모친은 원래 단 지파에서 출생했는데 납달리 지파에서 성장했거나 이것과 반대로도 생각할 수 있다. 후람은 솔로몬의 제안을 모두 받아들였다. 후람은 솔로몬의 편지를 받은

즉시 목재를 베고 그것을 배에 실어서 이스라엘의 항구인 욥바로 보냈다 (욥바에 관하여서는 욘 1:3; 행 9:36~43; 10:32; 11:5 참조). 욥바에 도착한 목재는 거기서 육로로 해서 예루살렘까지 운반되었다.

2:17~18 성전 건축을 위한 준비 작업이 마무리되자 솔로몬은 성전 건축 사역에 참여할 사람들을 모집했는데, 이스라엘 사람들뿐만 아니라 이스라엘에 거주하는 이방인들까지도 참가시켰다(17절. 참조. 대상 22:2). 이러한 사실은 당시 이스라엘 계층 구조상 이스라엘 백성이 아닌 사람들도 때때로 성전 건축과 같은 이러한 공공 사역에 동원되었던 사실을 알려준다(참조. 수 9:22~27). 역대하 2장 18절에 기록된 사람들의 수는 2절에 기록된 수와 일치한다(참조, 8:10 주해).

2. 성전 내부 장식(3장)

3:1 마침내 성전 건축이 옛 예루살렘 성인 오벨의 정북에 위치하고 있는 모리아 산, 즉 오르난의 타작 마당에서 시작되었다. 이곳은 여호와께서 지시하신 곳이며 다윗이 불법적인 인구조사 후에 제사를 드렸던 곳이고(참조, 대상 21장), 그가 성전을 짓기 위해서 매입한 곳이다(대상 22:1). 그리고 이 지역은 이스라엘 백성들에게는 거룩한 곳인데 아브라함이 하나님의 말씀에 순종해서 그 아들 이삭을 바치려고 했던 곳이다(참조, 창 22장). 이 지역은 오늘날 '성전산'(Temple Mount)으로 불리는데 이곳에는 '바위 사원'(Dome of the Rock)이라는 이름을 지닌 이슬람교 사원이 자리 잡고 있다. 하지만 최근의 발굴 결과에 의하면, 성전 자리(그리고 오르난의 타작 마당)는 현재의 바위 사원의 바로 북편이라는 사실이 밝혀졌다

(다음을 보라. Asher S. Kaufman, "Where the Ancient Temple of Jerusalem Stood," *Biblical Archaeology Review 9*. March–April 1983: 40~59).

3:2 성전 건축 사역은 솔로몬 '넷째 해 둘째 달 둘째 날' 시작되었다. 가장 정확한 연대 계산에 의하면 이 해는 BC 966년이다. 열왕기상하의 기자는 여기에 이 성전 건축은 출애굽 이후 480년이 지나서 시작되었다는 흥미로운 사실을 첨가하고 있다. 이렇게 보면 출애굽은 BC 1446년에 일어난 것이 된다(왕상 6:1).

3:3~4 성전 건물을 세우기 위해서 놓은 지대는 길이가 60규빗, 너비가 20규빗(2,743×914센티미터)이었다. 정면의 낭실(현관)은 길이가 20규빗(914센티미터)이며 본 건물의 전체 폭과 같았다. 열왕기상 6장 3절에 의하면 낭실의 너비는 10규빗(457센티미터)이었다. 그래서 전체 건물의 길이는 320미터이고 너비는 9.14미터였다.

성전의 높이는 30규빗(1371센티미터, 왕상 6:2)이었는데 낭실의 높이는 20규빗(9.14미터)이었다(참조, 열왕기상 6:1~10의 '솔로몬 성전의 계획' 도면). 낭실의 내부는 모두 금으로 덮였다.

3:5~7 성막에서 성소로 알려진 대전(참조, 출 26:33)은 잣나무로 판을 대고 거기에 순금을 입혔다. 이 금 조각들에는 종려나무와 사슬 모양이 새겨져 있었다. 종려나무와 사슬이 무엇을 상징했는지 알 수 없지만 종려나무는 생명나무를 상징하는 것으로 보인다(참조, 창 2:9; 3:20, 22; 계 2:7; 22:2, 19). 그리고 보석들로 이곳저곳을 장식했다. 성전 장식에 사용된 금들은 바르와임 산이었다. 바르와임의 위치는 확인할 수 없지만 거기

서 정금이 생산되었음은 분명하다. 일꾼들은 성전 내부의 모든 면을 이 금으로 장식했다. 그리고 나서 이 벽면의 금에 그룹(크루빔: כְּרוּבִים)의 형상을 새겨 놓았다. 이 그룹들은 하나님의 놀라우신 임재와 영광을 상징했다. 이 천사들은 날개를 펴고 있었다. 여호와께서는 그룹들 사이에 좌정해 계신다고 성경에 기록되어 있다(참조, 민 7:89; 왕하 19:15; 시 80:1; 99:1).

3:8~14 대전보다 조금 작은 방은 지성소인데, 이 지성소의 규모는 20× 20규빗(9.14×9.14미터)이었다. 지성소의 내부 역시 금으로 장식되었는데 그 금의 무게는 600달란트(약 23톤. 참조, NIV 난외주)였으며 이 금들은 금 못으로 벽면에 고정되었다. 이 금 못들의 무게는 모두 50세겔(약 600그램)이었다.

이 지성소 안에는 언약궤가 있었는데(왕상 6:19) 성막에서와 마찬가지로 이 언약궤는 두 그룹들 사이에 놓여 있었다(참조, 출 25:10~22). 언약궤는 여호와께서 백성들 사이에 계심을 상징했다. 그룹들은 지성소에서 대전을 바라보고 있는데(3:13) 이 그룹들의 날개 길이는 모두 10규빗(4.57미터)이었다. 이 그룹들은 날개를 펴고 있었는데 한 그룹의 날개는 지성소의 한쪽 벽에, 그리고 다른 그룹의 날개는 지성소의 다른 쪽 벽에 닿았다 (11~12절).

두 그룹들 앞에는 이 그룹들과 지성소를 가리기 위해서 베를 휘장으로 쳐놓았다. 이 휘장은 여러 색(청색, 자색, 홍색)의 고운 천으로 만들어졌는데 여기에 그룹들의 모양이 새겨져 있었다(14절). 그래서 성전 내부는 두 개의 방, 즉 대전(성소)과 지성소로 이루어졌는데 성소의 규모는 지성소의 두 배였다. 그리고 휘장이 지성소와 성소를 분리시키는 역할을 했다.

3:15 성전 정면에는 두 개의 기둥이 세워졌는데 이 기둥들은 5규빗(2.29 미터)의 머리 부분을 포함해서 총 높이가 35규빗(16미터)이었다. 하지만 열왕기상 7장 15절에는 청동으로 만들어진 이 기둥들의 높이가 18규빗 (8.23미터)으로 기록되어 있다. 이러한 차이를 설명하기 위해서 NIV에는 역대하 3장 15절에 '두 기둥의 높이를 합하여'라는 말을 삽입하고 있다. 한 기둥의 높이가 35규빗이 아니고 두 기둥의 높이의 합이 35규빗이라는 설명이다. 각 기둥의 높이를 18규빗으로 보면 기둥 높이의 합이 36규빗이기 때문에 완전히 일치하지는 않지만 35규빗과 거의 비슷한 수치이다. 기둥 높이에 대한 두 기록의 차이는 히브리어에서 18과 35가 거의 비슷하다는 것으로 설명될 수 있다. 필사자가 본문을 필사할 때 원래 18로 기록되어 있는 것을 35로 잘못 읽고 필사했을 가능성이 가장 크다. 건축학적으로 보아도 기둥은 성전의 높이와 비슷하든지 낮아야 하며 결코 성전보다 높을 수는 없다. 성전의 높이는 30규빗(13.72미터, 왕상 6:2)이기 때문에 각 기둥의 높이는 35규빗이 아니고 18규빗(8.23미터)이라고 보는 것이 더 타당하다.

3:16 '사슬을 만들어'에 해당되는 히브리어를 NASB에서는 '성소 안에'로 번역하고 있다(참조, NIV 난외주). 아마도 본문을 필사하는 과정에서 필사자들이 히브리 철자를 잘못 보고 그 위치를 바꾸어 필사한 것에서 이런 일이 발생한 것 같다. 원래 브라비드(פַּשְׁרֵשׁוֹת : 사슬을 만들어)로 읽어야 하는 것을 바드비르(פַּדְּבִיר : 성소 안에)로 잘못 기록했다고 보는 것이 타당하다. 이 부분을 '사슬을 만들어'라고 번역하는 것이 옳다는 사실은 열왕기상 7장 17절에 의해 뒷받침된다.

 각 기둥 머리 부분에 있는 사슬에 석류 100개를 새겨 달았다. 사실 각 기둥에 200개씩의 석류를 달았는데(4:13) 이것은 각 기둥의 머리 부분에 있는 사슬이 두 줄로 되어 있음을 알려준다(왕상 7:18). 그리고 바둑판 모양으로 얽은 그물과 사슬 모양의 땋은 것을 만들어서 각 기둥의 머리 부분에 일곱 개씩 매달았다(왕상 7:17). 각 기둥의 높이가 각각 5규빗이고 (3:15), 백합처럼 생긴 각 기둥의 머리 부분이 4규빗이었기 때문에(왕상 7:19) 사슬과 석류로 장식된 부분은 1규빗이었다.

3:17 이 두 기둥은 성전 앞에 세워져서 동편을 향하고 있었다. 그래서 한 기둥은 성전 남편에 그리고 다른 기둥은 성전 북편에 세워졌다. 남편의 기둥의 이름은 야긴('그가 세우리라', NIV 난외주)이고 북편 기둥의 이름은 보아스('그에게 능력이 있다', NIV 난외주)였다. 이 두 기둥들은 여호와께서 자신의 집을 세우시고 그것을 영원히 지키실 것이라는 사실을 상징했다(참조, 7:16).

3. 성전 기구(4:1~5:1)

4:1 정확하지는 않지만 성전 공사를 하면서, 아니면 성전 공사를 마친 후 솔로몬은 성전과 그 주변을 장식하도록 명령했다. 솔로몬의 명을 받고 만들어진 것들 가운데 본문에는 길이가 20규빗, 너비가 20규빗, 높이가 10규빗(9.15×9.15×4.57미터)인 대형 놋단을 제일 먼저 언급하고 있다. 본문에는 계단에 대한 언급이 없지만 번제단 위로 올라가는 계단이 분명히 있었을 것이다(참조, 에스겔 43:17의 성전 번제단에 대한 기록). 놋단은 성전 바로 정면 뜰에 있었다(참조, 출 40:6; 왕하 16:14).

4:2~6, 10 쇠를 부어서 만든 바다는 지름이 10규빗(4.57미터)이고 높이가 5규빗(2.29미터)인 대형 원통 대접이었다. 이 바다의 원둘레가 30규빗이라는 것은 이 바다의 직경이 10규빗이라는 사실과 일치한다('원둘레 = 원주율 3.14159 × 직경'의 공식에 대입해 보면 알 수 있다). 이 계산에 의하면 정확한 원둘레는 31.4159 규빗이 되어야 한다(원주율 3.14159 × 10규빗). 그러면 성경에 기록된 30규빗과 31.4159규빗 사이에는 약간의 차이가 나는데, 이는 대략의 근사치를 말하는 일반적인 관습에 의해 설명될 수 있다. 요즘에도 그렇거니와 특히 과거에는 원주율을 대략 3으로 계산했다. 그래서 실제 길이는 31.4159규빗이지만 본문에는 대략 계산된 원둘레를 30규빗으로 기록한 것이다. 그리고 이보다 더 타당한 설명은 외부 원둘레는 31.4159이고 내부 둘레가 30규빗이었다는 것이다.

이 청동 바다 가장자리 아래 부분에는 돌아가면서 두 줄로 황소를 새겨 놓았는데, 1규빗(46센티미터)마다 열 마리의 황소를 새겨놓았다. 본문을 통해서 이 황소 조각이 매우 정교했다는 것을 알 수 있는데, 열왕기상 7장 24절에는 '박 모양'이라고 기록되어 있는데 반해 본문에는 '소 형상'이라고 되어 있기 때문이다(물론 이 두 본문의 차이에 대해서는 해석상의 문제가 있다).

이 청동 바다는 조각된 12마리의 황소들의 등위에 얹혔는데 이 황소들은 3마리씩 사방(동서남북)을 향하고 있었다. 열두 마리의 황소는 아마도 이스라엘의 열두 지파를 상징하며, 또한 옛날 광야에서 진을 쳤을 때의 각 지파들의 방향을 나타내고 있다(참조, 민 2장). 바다의 용량은 3,000밧(약 66,245리터. 참조, NIV 난외주)이었다. 그런데 열왕기상 7장 26절에는 2,000밧으로 기록되어 있다. 많은 학자들은 이 두 본문의 차이를 설명하면서, 역대기 기자는 바다를 원통 모양으로 보았고 열왕기서의 기자는 반구 모양으로 보았기 때문에 그러한 차이가 생겨났다고 주장한다. 하지만 이러한 주장은 성경를 기록했던 사람들이 바다의 모양을 서로 다르게 기록했겠는가 하는 의문을 자아내게 한다. 필자가 보기에 가장 타당한 생각은 이 청동 바다의 전체 용량은 3,000밧이지만 실제로는 2,000 밧만을 담았다는 것이다.

이 청동 바다는 성전의 동편, 즉 놋단의 남쪽(4:10)에 위치하고 있었으며 제사장들이 예식을 거행할 때 여기서 씻을 수 있게 만들었다(6절하). 그리고 열 개의 물두멍(대접)이 있었는데 각 다섯 개씩 성전의 좌우편에 위치해 있었고 이 물두멍들은 번제물을 씻는 데 사용되었다(6절. 참조, 왕상 7:38).

4:7~8 성전의 대전 안에는 10개의 금 등잔대가 있었는데 각각 다섯 개씩 남쪽 벽과 북쪽 벽에 설치되었다(옛날 장막에는 등잔대가 한 개 있었다). 그리고 이 금 등잔대와 같은 장소에 10개의 상이 놓여 있었으며(이 상들은 '진설병'을 놓기 위한 것으로 보인다. 참조, 19절 주해). 대전 여러 곳에 100개의 금 대접이 놓여 있었다.

4:9, 11상 제사장의 뜰은 열왕기상 6장 36절에 기록된 '안 뜰'인 것으로 보인다. 그리고 '큰 뜰'은 열왕기상 7장 12절의 '큰 뜰'이다. 안 뜰은 성전에 바로 인접해 있는 지역이며 큰 뜰은 성전 전체 건물을 두르는 지역을 가리킨다. 큰 뜰의 청동문은 성전 전체 건물을 두르는 지역의 문임에 틀림없다.

11절상에는 청동 번제단에 필요한 여러 가지 기구들이 언급되고 있는데 솥, 부삽, 대접(이것은 피를 받기 위한 것이었다) 등의 품목이 기록되어 있다(대하 4:11절상).

4:11하~18 후람(2:13에는 후람아비로 되어 있다)의 작업이 3장 3절에서 4장 11절상에 상세히 묘사되어 있는데, 이것이 4장 11절하~16절상에 요약되어 있다. 여기서 이 청동 물품들은 숙곳과 스레다 사이에 있는(17절) 요단 계곡에서 진흙 틀을 사용해서 만들었다고 하는 사실이 첨가되어 있다(16절). 최근의 고고학적 발굴에 의해서 후람이 이 물품을 만든 장소를 대략 추측해 냈는데 이 지역은 사해에서 북쪽으로 56킬로미터쯤 되는 거리에 위치하고 있으며 요단강 동편, 그리고 얍복강 정북에 위치하고 있다. 청동 제품이 수도 없이 만들어졌는데 그래서 사용된 청동이 얼마나 되는지 알 수 없을 정도였다(18절). 이 청동들 가운데 대부분은 다윗이 아람을 정복하고 거기서 가져온 것들이었다(대상 18:3~8).

4:19~22 이 구절들은 기타 장식품들과 물품들을 기록하고 있는데 이들 중에는 이미 앞에서 언급한 것들도 있다. 본문에는 금 제단(이것은 향을 피우기 위한 것이었다. 참조, 장막의 금향로에 대해서 출 37:25~29), 진설병(제단에 올릴 빵, KJV)을 놓기 위한 상(4:8의 10개의 상일 것이다), 10개의 순금 등잔대(참조, 7절), 그리고 금 등잔대에 필요한 기구들, 즉 순금으로 만든 등잔과 부젓가락(21절), 그 외의 소소한 물품들, 즉 불집게, 주발(참조, 8절), 숟가락, 불 옮기는 그릇 등이 기록되어 있다.

이러한 성전 물품들이 반복되어서 기록되고 있는 것으로 보아 이것들이 강조되고 있음은 분명하다. 하지만 더욱 중요한 사실은 이 물품들이 모두 금으로 만들어졌다는 것이다. 그리고 심지어는 대전(성소)으로 통하는 문과 지성소로 통하는 문이 순금으로 입혔다는 사실까지 언급되고 있다(22절). 열왕기상 7장 50절에는 이 문들의 손잡이까지 금으로 만들어졌다고 기록하고 있다. 이 모든 것이 금으로 만들어졌다는 것은 이 성전이 하나님의 영광에 합당하도록 부유하고 웅장하게 만들어졌음을 의미한다 (하나님께서는 성전에 자신의 모습을 분명하게 드러내신다).

5:1 성전 건축이 끝나자(성전을 건축하는 데 모두 7년이 걸렸다. 참조, 왕상 6:38), 솔로몬은 성전 안에 둘 모든 것들을 다 들이도록 지시하고, 또한 다윗이 전에 모아둔 것들(참조, 대상 22:14; 29:1~9)을 성전 곳간에 두도록 지시했다. 다윗과 그 당시의 지도자들이 바친 헌물이 얼마나 많았던지 솔로몬의 성전을 짓는 사람들이 그것들을 세지 못할 정도였다.

C. 성전의 봉헌(5:2~7:10)

1. 언약궤를 들여옴(5:2~14)

5:2~6 다른 것들은 다 들여왔는데 아직 성전에 들어오지 못한 것이 하나 있었다. 이것은 성전에 반드시 있어야 할 것이었으며, 이것이 없으면 성전이 그 역할을 제대로 할 수 없을 정도로 중요한 것이었다. 그것은 바로 언약궤였다. 언약궤는 다윗이 시온 산에 세운 장막 안에 있었다(대상 15:1). 하지만 이제 성전이 건축되었기 때문에 언약궤를 성전으로 옮겨야 했다. 드디어 언약궤를 옮길 모든 준비가 완료되었다. 언약궤는 일곱째 달 절기, 즉 9~10월의 초막절(레 23:33~36)에 옮기기로 결정되었다. 이때가 BC 959년이었다. 팡파르가 울려 퍼지고 각 지파의 우두머리들은 언약궤가 시온(이곳은 예루살렘의 남동쪽 방향에 위치하고 있다. 참조, 삼하 5:7

을 보면 성전이 건축된 모리아 산의 정남쪽이다)에서 옮겨지는 장면을 직접 지켜보았다. 레위인 제사장들은 언약궤를 메었을 뿐만 아니라 다윗의 장막과 거기에 있는 모든 기구들을 운반했다(5:2~5). 전에 다윗이 그랬던 것처럼 솔로몬은 수많은 가축들로 제사를 드림으로써 언약궤의 운반을 기념했다(6절).

5:7~10 언약궤가 성전에 도착하자 제사장들이 지성소로 옮겼는데 제사장들만이 그렇게 할 수 있었다. 그들은 언약궤를 지성소의 그룹들 아래에 놓았다(7~8절). 지성소로 통하는 문이 열렸을 때는 언약궤를 메었던 '채'를 성소에서 볼 수 있었다. 하지만 밖에서는 볼 수 없었다. 언약궤 안에는 율법이 기록된 두 개의 돌판이 있을 뿐이었다(10절). 히브리서의 기자는 언약궤 안에는 아론의 지팡이와 만나를 담은 단지가 들어 있다고 기록하고 있다(히 9:4). 하지만 구약 성경 어디에도 히브리서 9장 4절을 입증해 줄만한 구절이 없다(출 16:33~34; 민 17:10은 지팡이와 만나가 언약궤 안이 아닌 성막 정면에 놓여 있었다고 기록한다). 그리고 지팡이와 만나는 솔로몬 시대 이후에 덧붙여진 물품이며 얼마간의 시간이 흐르면서 어디론가 사라져 버렸다.

5:11~14 제사장들이 성전에서 물러간 다음, 그들은 다른 제사장들과 레위인 연주자들과 함께 대형 번제단의 동쪽에 서서(즉 번제단 앞) 그들의 목소리를 높이고 악기(120명이 나팔을 불고 다른 사람들은 제금을 치거나 다른 악기를 연주했다)를 연주하면서 하나님을 마음껏 찬양했다. 이러한 특별한 때에는 제사장과 레위인들이 자신들의 반열에 따르지 않고(대상 24:1~19) 다 같이 함께 참여했다. 연주하는 사람들은 하나님을

찬양하면서 하나님의 선하심과 사랑(헤세드[חֶסֶד]. 참조, 6:14; 7:3, 6; 20:21)을 노래했다. 여호와께서는 성전을 영광의 구름으로 채우심으로써 이들의 찬양에 응답하셨다. 영광의 구름은 여호와께서 그 성전에 임재하심을 상징했다(참조, 출 40:34~35; 겔 10:3~4).

2. 솔로몬의 축복과 기도(6장)

6:1~11 구름을 통해서 하나님께서 나타나시자(5:13~14) 솔로몬은 하나님께서 모세에게 그와 동일하게 나타나셨음을 기억해냈다. 이제 여호와께서는 성막에 계시지 아니하시고 새로 지은 성전에 영원히 거하시게 되었다(1~2절). 솔로몬은 백성들에게 축복을 선포했다(4~11절). 첫째, 그는 하나님께서 다윗에게 하신 약속을 이루신 것, 즉 자신을 다윗 사후에 이스라엘의 왕으로 삼으시고 왕국을 세우시며, 예루살렘을 하나님께서 거하시는 곳으로 선택하시고 성전 건축을 허락하심으로써(4~6절) 그 약속을 이루셨음을 찬양했다. '이름'이라는 단어가 6장에는 모두 14번 나타나는데, 역대하에는 모두 28번 나타나고 있으며 이 이름은 하나님의 속성과 임재하심을 나타낸다(참조, 대상 13:6). 다윗은 하나님께서 허락지 않으셨기 때문에 성전을 지을 수 없었다. 하지만 하나님께서는 무한한 은혜를 내리셔서 다윗의 아들인 솔로몬이 성전을 건축케 하심으로 하나님의 약속을 이루셨다(6:7~11).

6:12~21 백성들을 축복하고 난 다음에 솔로몬은 봉헌기도를 드린다 (14~42절). 솔로몬은 뜰 중앙에 있는 청동 제단 위에 무릎을 꿇고(12~13절) 계약을 신실히 지키신 하나님께 영광을 돌렸다(14~15절). 여기서 사

랑은 헤세드(חֶסֶד)를 번역한 것인데 이것은 하나님의 신실하신 계약, 즉 사랑을 의미한다(참조, 5:13; 7:3, 6; 20:21). 그리고 나서 솔로몬은, 백성들이 여호와의 율법에 따라서 하나님을 섬기기를 쉬지 않으면 하나님께서 다윗 왕조에 끊임없이 은혜를 베풀어주실 것을 간구했다(6:16~17). 성경에서 하나님의 초월적인 성품을 가장 잘 표현한 구절 가운데 하나가 바로 솔로몬의 기도이다. 솔로몬은 아무리 크고 넓은 하늘일지라도 하나님께서 거하시기에 부족한데, 하물며 자신이 지은 성전이야 어찌 무한한 하나님을 모실 수가 있겠느냐고 말한다(18절). 솔로몬은 하나님의 초월적인 성품뿐만 아니라 인간사에도 관여하시는 하나님의 모습을 말한다. 솔로몬은 여호와께서 성전을 이스라엘이 하나님과 교제를 나누는 중심되는 장소로 생각해 주시고(19~21절에는 '들으소서'라는 말이 5번 반복되고 있다) 하나님께서 거하시는(참조, 30, 33, 39절; 30:27) 하늘에서 들으시고 응답해 주실 것(참조, 23, 25, 27, 30, 33, 35, 39절)을 간구했다. 솔로몬이 자신을 포함해서 모든 이스라엘 백성이 성전을 향하여 기도하겠노라고 말했기 때문에 후에 다니엘은 기도할 때 이 성전을 향하여 기도했다(단 6:10).

6:22~31 솔로몬은 또한 이 성전에서 하나님께서 각 개인들 사이의 행위를 판별하시고(22~23절), 이스라엘이 범죄로 인하여 전쟁에서 패했을 때 하나님께서 이 성전에서 이스라엘을 용서하시며(24~25절), 가뭄으로 고생할 때 이곳에서 기도하는 이스라엘 백성들의 기도를 들으시고(26~27절), 하나님께서 심판하심으로 재앙이 찾아올 때 이 성전에서 기도하면 하나님께서 그 기도들을 들어주실 것을 간구했다(28~31절).

6:32~39 솔로몬은 이스라엘 백성들뿐만 아니라 이방인들을 위해서도 기도했는데, 이방인이 이 성전에 와서 하나님의 얼굴을 찾을 때에도 하나님께서 그 기도를 들어주실 것을 간구했다(32~33절). 솔로몬은 전쟁할 때 하나님께서 이스라엘 백성을 축복해 주실 것을 기도했다(34~35절). 또한 그들이 범죄하고 이방에 포로로 잡혀갔을지라도 거기서 회개하면 하나님께서 용서해 주실 것을 기도했다(36~39절).

6:40~42 솔로몬은 마지막 후렴부에 가서 성전(하나님께서 거하시는 곳), 제사장들, 백성들(성도들), 그리고 다윗의 후계자로 기름부음을 받아 왕이 된 자신을 위해 하나님께 중보기도를 드렸다(참조, 시 132:8~11). 솔로몬은 하나님께서 사랑(헤세드[חֶסֶד: 신실한 사랑]. 참조, 5:13; 6:14; 7:3, 6; 20:21)으로 이 모든 기도를 들어주실 것을 간구했다. 그래서 다윗과 그의 왕조에 약속하신 것을 이루어 주시기를 기도했다.

3. 솔로몬의 제사(7:1~10)

7:1~3 하나님께서는 솔로몬의 기도에 극적으로 응답하시기 위해서 불을 내려 보내시고 제물을 모두 태워 버리셨다(참조, 레 9:24; 대상 21:26). 그리고 하나님의 영광의 구름으로 다시 성전을 채우셨다(참조, 5:13~14). 이러한 놀라운 광경을 본 백성들은 공포에 휩싸여서 얼굴을 땅에 대고, "선하시도다 그의 인자하심이 영원하도다"고 하면서 하나님께 영광을 돌렸다(여기서 '인자'는 하나님의 계약의 사랑 헤세드[חֶסֶד]이다. 참조, 5:13; 6:14; 7:6; 20:21).

7:4~7 그런 다음 예배드리기 위해서 모인 사람들은 다시 제사를 드렸는데 솔로몬은 개인적으로 소 22,000마리와 120,000마리의 양을 드렸다. 제사장들과 레위인들은 악기를 연주하면서 하나님께 영광을 돌렸다(6절). 백성들이 드리는 제물이 너무 많아 번제단으로는 그 많은 제물을 처리할 수가 없어서 솔로몬은 성전 앞뜰에 특별히 한 곳을 성별해서 거기서 백성들이 바치도록 했다.

7:8~10 칠일 동안 축제가 계속되었는데 여기에 참석한 사람들은 하맛어귀(이스라엘의 북부 국경지역으로 유브라데강에 접하고 있다)에서부터 애굽 강까지(오늘날의 가자 남쪽의 '와디 엘 아리시'이다) 전 이스라엘에 거주하는 사람들이 다 모였다. 칠일 동안의 초막절 축제(레 23:36)가 끝나자, 백성들은 팔일 째 되던 날 각기 고향으로 돌아가기 바로 직전 다시 모였다. 성전 봉헌 축제는 모두 15일 동안 베풀어졌는데 7월(5:3) 15일(참조, 레 23:39)에 시작해서 초막절이 일주일 동안 행해졌기 때문에 22일에 마쳤다. 역대하 7장 9절하에 기록된 축제는 초막절인데 제단의 낙성식은(9절 상) 7일 동안 열렸으며 그달 8일에 시작되었다. 그래서 제단의 낙성식과 초막절과 마지막 날 하루를 합하면 모두 15일이 된다.

D. 하나님의 축복과 저주(7:11~22)

7:11~12 고대 근동의 모든 계약문서에서와 마찬가지로 구약성경의 계약에도 역시 축복과 저주가 포함되어 있다. 고대 계약은 신하가 왕의 명

령에 따르면 복을 받고 어길 때에는 저주를 받도록 되어 있다(참조, 신 27~28장). 하나님께서 다윗, 솔로몬과 맺은 계약에도 이러한 축복과 저주가 담겨 있다. 하나님께서는 솔로몬에게 나타나셔서 솔로몬이 성전을 건축하고 봉헌하는 것이 당신을 기쁘게 했다고 말씀하셨다(7:11~12. 흥미롭게도 7장에는 솔로몬의 궁궐에 대해서 한 곳에서만 언급하고 있다. 이것은 역대기 기자가 성전을 강조했기 때문이다[역대상의 '서론'을 보라]. 열왕기상 7장 1~12절에는 솔로몬의 궁궐 구조에 대해 상세하게 기록되어 있다).

7:13~22 그런 다음 하나님께서는 만약 이스라엘이 범죄함으로 하나님의 심판(가뭄, 메뚜기 떼, 전염병 등)이 그들 위에 임하게 되었을지라도, 그들이 회개하고 자신을 완전히 낮추면 하나님께서 그들을 용서하시고 회복시키실 것이라고 약속하셨다(13~15절). 하나님께서는 솔로몬의 기도(6:26~31)에 대한 응답으로 이러한 약속을 하셨다. 하나님께서는 자신의 백성인 이스라엘 가운데 영원히 거하시는데 특히 성전에 거하시기 때문에 솔로몬에게 그러한 약속을 하셨다(7:16). 계약의 주제는 솔로몬이 하나님의 말씀을 따르면(17절) 하나님의 축복을 받고 그의 왕조는 영구할 것이라는 약속에 대한 하나님의 선포에 분명히 나타나 있다(18절. 참조, 대상 17:11~14). 이와는 반대로 만약 솔로몬과 이스라엘 백성들이 하나님을 떠나서 다른 신들을 섬기면 그들은 포로로 끌려가게 되고 그 아름다운 성전은 파괴되어 버릴 것이었다(7:19~20). 이것은 다윗의 계약이 하나님의 관점에서 볼 때 조건적이라는 사실을 의미하지는 않는다. 하나님께서는 계약이 영원하리라고 말씀하셨다(삼하 7:13, 15~16). 하지만 그 계약에 명시된 축복을 누리기 위해서는 누구든지 하나님의 말씀에 복종해야만 한다.

후에 솔로몬은 이방의 신들을 섬겼다. 솔로몬의 후계자들 역시 마찬가지였다(왕상 11:4~8). 그래서 이스라엘 백성들은 바벨론으로 끌려가고(6:36; 36:17~18, 20) 성전은 파괴당했다(36:19). 성전과 땅이 황폐하게 되는 것을 목격한 모든 사람은 그것이 이스라엘의 범죄에 대한 하나님의 심판의 표시임을 알았다(7:21~22).

E. 솔로몬의 업적들(8~9장)

1. 정치적인 업적(8:1~11)

8:1~2 솔로몬은 (BC 951년까지) 20년 동안 재위하면서 성전을 건축하고 자신의 궁전을 지으며 후람이 이스라엘에 양도한 성읍들을 재건하는 건축사역을 했다. 열왕기상 9장 10~14절에 따르면, 후람이 솔로몬에게 양도한 성읍들은 모두 20개인데 이 성읍들은 원래 솔로몬이 후람에게 준 것으로 후람은 그 성읍들이 마음에 들지 않자 다시 솔로몬에게 되돌려 주었다. 역대기 기자는 본문에서 이 사실을 암시하고 있으며 솔로몬이 그 성읍들을 재건했다고 기록하고 있다.

8:3~6 그때 솔로몬은 주변 국가들을 공격했는데 예루살렘에서 북쪽으로 483킬로미터쯤 떨어져 있는 하맛소바라는 아람 성읍을 먼저 공격했다. 그런 후 솔로몬은 다메섹에서 북동쪽으로 241킬로미터쯤 떨어져 있는 다드몰(후대에는 '팔미라'로 알려진 곳. 이곳은 메소포타미아로 가는 대로

중앙에 위치하고 있는 오아시스로서 상업의 중심지였다)을 국고성으로 재건했다. 솔로몬은 이스라엘 내의 윗 벧호론과 아랫 벧호론을 재건해서 이 성읍을 강력한 요새로 만들었으며, 또 바알랏과 그 외의 국고 성들과 군사 요충지들을 강력하게 재건했다. 벧호론은 예루살렘에서 북서쪽으로 16킬로미터가량 떨어진 곳으로 유다와 북이스라엘의 국경지대에 위치해 있다(수 18:13). 바알랏은 단 지파의 영역에 속했다(수 19:44). 그리고 이름이 밝혀지지 않은 성읍들에는 하솔, 므깃도, 게셀이 포함되어 있는 것으로 보인다(참조, 왕상 9:15).

8:7~10 솔로몬은 이스라엘에 거주하고 있던 이방인들 가운데서 일꾼을 징집했는데 헷 족속(이들은 현재의 터키 지역인 중앙 아나톨리아에서 온 사람들이다), 아모리 족속(이스라엘의 가나안 정착 이전에 가나안의 구릉지대에 거주하고 있던 사람들), 브리스 족속(가나안 족속의 분파), 히위 족속(인도아리안 계열의 후르리족), 그리고 여부스 족속(원래 예루살렘에 거주하고 있던 가나안인들)이 여기에 포함되었다. 이들은 이스라엘이 가나안을 정복할 때 완전히 정복하지 못했던 족속들이다(삿 3:1~6). 이스라엘 사람들은 이들처럼 역군으로 징집되지 않았는데 그들은 군인이나 일꾼들의 감독직을 수행했다. 열왕기상 9장 23절에는 감독들이 모두 550명으로 되어 있는데 역대기 기자는 250명이라고 기록하고 있다(열왕기상의 기록은 가나안인 감독들까지도 포함시키고 있는 것으로 보인다). 그리고 역대하 2장 18절을 보면 다른 사역의 감독들이 3,600명인데 이들을 합하면 모두 3,850명이 된다. 이 수치는 열왕기상 5장 16절의 3,300명과 열왕기상 9장 23절의 550명을 합한 수와 일치한다.

8:11 솔로몬이 이룬 정치적인 업적들 가운데 마지막은 (바로의 딸인)왕비의 거처를 시온산에 있는 다윗의 옛 왕궁(다윗성. 참조, 5:2; 왕상 3:1; 대상 11:5)에서 성전이 건축된 지역인 새로 지은 궁궐로 옮긴 일이다(참조, 왕상 7:8; 9:24). 왕비의 거처를 옮긴 이유는 그녀가 거처하던 다윗의 옛 성이 과거에 언약궤와 밀접한 관계가 있었던 성스러운 곳이라서, 애굽 여인이 여기에 거하면 그 성스러운 곳을 더럽히기 때문이다. 역대기 기자는 애굽 왕(21왕조의 바로 시아문)의 딸이 어떻게 솔로몬의 부인이 되었는지에 대해서는 언급하지 않고 있지만, 솔로몬이 바로의 딸을 부인으로 취할 수 있었다는 것은 그가 애굽의 바로와 동등한 위치에 있었음을 암시한다.

2. 종교적인 업적(8:12~16)

8:12~16 솔로몬의 영적인 헌신은 그가 성전 봉헌에서 드렸던 많은 제물들에서도 명백하게 드러나는데(7:5) 이것은 역대기 기자의 견해로는 그의 종교적인 열정을 대변하는 것이다. 사실 역대기 기자는 솔로몬이 이방 신전을 세우고 이방신들을 예배했다는 사실(왕상 11:1~13에서는 강조)은 전혀 언급하지 않는다. 역대기 기자는 솔로몬의 종교적인 타락에 대해서 알고 있었지만 솔로몬이 모세의 제사 규례대로 했다는 사실만 기록하고 있다(8:12~13). 솔로몬은 그의 부친인 다윗이 제정한 제사장과 레위인들의 반열을 그대로 따랐다(14~15). 그리고 무엇보다도 솔로몬은 그의 종교적인 업적 가운데 최고의 성취인 성전 건축을 완성했다.

3. 경제적인 업적(8:17~9:31)

8:17~18 솔로몬 당시의 이스라엘이 그토록 번영을 누릴 수 있었던 것은 바로의 도움을 얻어서 해상 무역을 했기 때문이었다. 홍해의 동편에 있는 항구인 에시온게벨(오늘날에는 아카바 만, 또는 에일랏 만으로 알려져 있다)에서 배를 건조한 다음, 솔로몬과 후람의 선원들이 오빌(참조, 대상 29:4 주해)과 같은 먼 지역까지 항해해서 한 번에 금 450달란트(약 17톤 혹은 15,422킬로그램)를 수입해 오도록 했다(왕상 9:28에는 420달란트[약 16톤]고 기록되어 있다. 히브리어에서 420과 450의 표기가 비슷하기 때문에 필사자가 실수를 한 것으로 보인다).

9:1~8 그리고 솔로몬은 스바(참조, 욥 1:15; 겔 23:42; 욜 3:8) 여왕과 더불어 무역을 했다. 스바의 여왕은 솔로몬의 지혜에 대한 소문을 듣고(참조, 왕상 10:1~13) 그를 시험하기 위해서 1,930킬로미터가 넘는 거리를 여행에서 예루살렘에 왔다. 그녀를 수행한 대상들은 여왕의 우호의 표시로 향품과 금과 보석들을 가져왔다. 스바의 여왕은 솔로몬의 지혜와 부귀를 보고 놀라움을 금치 못했다. 그녀는 자신이 직접 본 것이 자신이 들은 소문과는 비교도 되지 않는다고 말했다. 여왕은 솔로몬의 일꾼들은 행복할 것이며 또한 이렇게 축복을 주신 하나님께서는 마땅히 찬양을 받으실 만하다고 말했다. 후람의 찬양의 말처럼(2:12) 스바 여왕의 이러한 말은 그녀가 여호와를 섬기게 되었다는 것을 의미하는 것이 아니고 공식적인 예의를 표현한 것에 불과하다.

9:9~12 스바 여왕은 자신이 가지고 온 예물들을 솔로몬에게 주었는데

금이 120달란트(4.5톤. 혹은 4,082킬로그램)이고 그 외에 향품과 보석들을 예물로 주었다. 스바의 여왕이 준 향품은 지금까지 이스라엘에서는 전혀 볼 수 없었던 것으로 최상품이었다. 오빌(참조, 대상 29:4 주해)에서는 금뿐만 아니라 백단목(참조, 2:8에도 백단목을 언급하고 있다)과 보석도 생산되었다. 솔로몬은 이 백단목으로 성전과 궁전의 계단을 만들고 수금과 비파를 만들었다. 솔로몬 역시 스바의 여왕에게 선물을 주었다.

9:13~16 솔로몬이 누렸던 번영에 대한 언급이 계속되고 있다. 그의 연간 수입은 금 666달란트(25톤. 혹은 22,680킬로그램)였다. 여기에는 세금과 대상들로부터 받은 통행세는 포함하지 않았다. 솔로몬이 이렇게 많은 은과 금을 소유할 수 있었던 것은 아라비아의 모든 왕들과 이스라엘의 방백들이 금과 은을 많이 가져왔기 때문이다. 솔로몬은 200개의 대형 금방패(각각 금 600세겔. 3.4킬로그램)와 300개의 작은 금방패(각각 금 300세겔)를 만들었다(왕상 10:17에는 작은 금방패 각각의 무게가 3마네로 기록되어 있다. 마네와 세겔은 서로 다른 단위로서 300세겔은 3마네에 해당한다).

이 방패들은 장식용으로서 예루살렘에 있던 솔로몬의 공식 궁전 가운데 하나인 '레바논 나무 궁'(이 궁전은 거의 백향목으로 만든 것으로 보인다. 참조, 왕상 7:2. 레바논은 백향목의 주요 산지였다)에 두었다.

9:17~24 솔로몬의 보좌는 상아와 순금으로 장식되었다. 역대기 기자는 이 보좌를 상세하게 묘사하고 있는데 여섯 개의 계단과 금으로 된 발판과 팔걸이, 그리고 각 계단 끝에 있는 12마리의 수호 사자들에 대해서 언급하고 있다. 솔로몬이 마시는 그릇들과 기타의 그릇들은 완전히 금으로 만

들어졌다. 당시 은은 가치가 없는 것으로 생각됐다. 매 3년마다 왕은 상선을 보내서 금과 은, 상아, 원숭이, 공작 등을 외국에서 실어오도록 했다. 그 결과 솔로몬은 당시 주변 국가들 가운데 가장 부강한 군주로 인정을 받았다. 그리고 그의 부와 지혜에 대한 소문을 듣고 많은 사람들이 정기적으로 이스라엘을 방문했는데, 이들은 방문의 대가로 많은 금과 은, 의복, 무기, 향품, 말과 노새들을 가져왔다.

9:25~28 역대기 기자는 솔로몬에 대한 기록을 그의 군사력(25절)과 정치력(26절. 솔로몬은 유브라데 강에서 애굽의 국경까지 다스렸다. 참조, 왕상 4:21, 24)과 더불어 무역(9:27~28)을 통해서 벌어들인 그의 막대한 재력(그의 재산은 계산이 불가능할 정도였다)을 언급하면서 마무리하고 있다(25, 27~28절은 1:14~16과 비슷하다). 하지만 솔로몬이 당시 강력한 군주로서 주변 국가들을 위압하고 있었지만, 그 나라들을 완전히 복속시키지 못하고 조공만 받았기 때문에(왕상 4:21) 아브라함의 계약(창 15:18)을 이루지는 못했다.

9:29~31 그런 다음 역대기 기자는 솔로몬의 재위 기간 중의 여러 일들이 선지자 나단(참조, 왕상 1:11~13)과 아히야(참조, 왕상 11:29), 잇도(참조, 12:15; 13:22)의 책에 기록되어 있다고 말한다. 솔로몬은 BC 971년부터 931년까지 모두 40년 동안 이스라엘을 다스렸으며 그의 사후에 르호보암이 솔로몬의 뒤를 이었다.

II. 다윗 왕조의 통치(10~36장)

A. 르호보암(10~12장)

1. 국가의 분열: 이스라엘과 유다(10장)

10:1 솔로몬은 분명히 많은 아들들을 가졌을 터인데 이상하게도 성경에는 르호보암 외에 다른 아들들에 대한 언급이 없다. 르호보암은 솔로몬이 암몬 여자인 나아마에게서 낳은 아들이다(참조, 왕상 14:21). 당시 이스라엘 북부 지역에서는 솔로몬에 대한 반대 감정이 고양되고 있었으므로, 르호보암은 국가 분열의 조짐을 느끼고 세겜으로 가서 공식적으로 왕위에 올랐다. 세겜은 아브라함의 시대 이래로 이스라엘의 역사에 있어서 중요한 위치를 차지해 왔다. 여호수아는 세겜에서 모세의 계약을 갱신했으며 그때부터 그곳은 북부 지역의 비공식적인 수도로 간주되었다(참조, 수 24:1~28).

10:2~11 여로보암은 세겜이 속해 있던 에브라임에서 이전에 노역자들을 감독하던 사람인데, 그는 솔로몬이 죽었다는 말을 듣고 (솔로몬을 피해서)망명 생활을 하던 애굽에서 귀국했다(2절. 참조, 왕상 11:26~28, 40). 많은 사람의 요청으로 여로보암은 백성들의 대표로 선출되었다. 그는 르호보암에게 가서 백성들의 노역과 세금의 부담을 적게 해달라고 요구했다(10:3~4). 르호보암은 여로보암의 말을 듣고는 그 문제를 생각하

는데 3일간의 여유를 달라고 했다. 3일의 여유를 얻은 르호보암은 그의 선친의 조언자들과 그 문제를 의논했다. 그들은 르호보암에게 백성들의 말을 들으라고 권고했다. 르호보암은 그 노인들의 충고를 듣고 나서 젊은 이들의 충고를 들었는데, 그들은 백성들의 멍에를 전보다 더욱 무겁게 하는 것이 좋다고 충고했다(5~11절). 청년 충고자들은 르호보암이 백성들의 짐을 무겁게 할 것인데, 마치 그의 새끼손가락이 자신의 아버지 솔로몬의 허리보다 두꺼운 것처럼, 아버지께서 채찍으로 그들을 다스렸지만 이제는 전갈(날카로운 철이 달린 잔인한 채찍)로 다스리겠다고 말할 것을 간언했다.

10:12~16 르호보암은 3일 뒤에 여로보암과 백성들이 찾아오자, 그의 청년 충고자들이 일러준 대로 백성들에게 고했다(12~14절). 하지만 역대기 기자는 이러한 일이 바로 하나님을 통한 것이며, 하나님께서는 여로보암에게 그가 북부 지파를 다스리게 될 것(참조, 왕상 11:29~39)이라고 약속하셨기 때문에 일어난 일이라고 기록하고 있다(15절). 백성들은 르호보암의 말을 듣고는 다윗의 집으로부터 갈라져 나갔다("이스라엘아 각각 너희 장막으로 돌아가라." 참조, 삼하 20:1). 그래서 이스라엘은 유다로부터 나와 사실상 국가가 둘로 나뉘어졌다(10:16).

10:17~19 그래서 르호보암에게는 유다밖에 남지 않았다. 두 지역 간의 분쟁이 상당히 커서 르호보암은 하도람을 새로운 감독(참조, 왕상 4:6)으로 임명하고 그를 에브라임에 보내서 지역 감정을 중재하도록 했다. 하지만 르호보암은 결국 화합할 여지가 없는 것을 알고는 생명을 구하기 위해서 예루살렘으로 도망쳤다.

2. 르호보암의 수비 강화와 그의 가족(11장)

11:1~12 르호보암은 예루살렘에 도착하고 나서 유다와 베냐민 지파(베냐민은 정치적으로 유다의 일부가 되었다)에서 180,000명의 군대를 소집했다. 그리고 갈라져 나간 열 지파를 공격할 계획을 세웠다. 하지만 르호보암의 전쟁 계획은 예언자 스마야를 통해서 하신 하나님의 말씀으로 인해서 중단되었다(참조, 12:5, 15). 스마야는 왕국이 분열된 것은 하나님의 뜻에 의한 것이라고 선포했다(11:2~4). 그래서 르호보암은 전쟁을 하는 대신 유다와 베냐민 지역에 방비하는 성읍을 많이 건설했다. 본문에서 유다 땅에 세운 15개의 요새화된 성읍의 이름이 제시되어 있다(5~12절. 참조, '르호보암이 요새화한 15개의 유다 성읍' 지도).

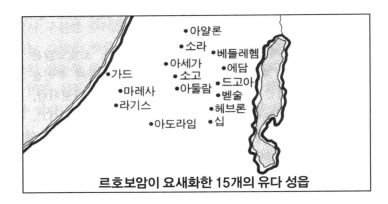

르호보암이 요새화한 15개의 유다 성읍

11:13~17 그러는 동안에 북부 지역의 제사장들과 레위인들이 남쪽으로 와서 르호보암과 합류했는데, 여로보암이 그들을 축출하고 자격이 없는 사람들을 제사장으로 세웠기 때문이다(11:13~15. 이것은 열왕기상 12장 25~14장 16절에 자세히 설명되어 있다). 북부 지역의 경건한 사람

들은 여로보암이 제정한 새로운 제의가 불법적이라는 사실을 알고 3년 동안 예루살렘으로 순례 와서 여호와께 제사를 드렸다(16~17절).

11:18~23 역대기 기자의 서술 목적이 다윗 왕조를 높이는 데 있기에, 열왕기서의 기자와는 달리 르호보암의 부인이 다윗의 후손이라는 점을 들고 있다(11:18~19). 그녀의 부친인 여리못에 대해서는 다른 곳에는 언급이 되어 있지 않은데 여기서는 다윗의 아들이라고 되어 있다. 르호보암의 부인의 모친은 다윗의 형인 엘리압의 딸이었다(이러한 사실에서 여리못이 그의 조카인 아비하일과 결혼한 것을 알 수 있다).

르호보암의 두 번째 부인인 마아가는 압살롬의 딸이다(20절). 이 압살롬은 다윗의 아들 압살롬이 아니다. 왜냐하면 다윗의 아들 압살롬은 다말이라는 딸 외에는 자식을 갖지 못했기 때문이다(참조, 삼하 14:27; 18:18). 마아가의 아버지 압살롬은 다윗의 아들이 아니며 압살롬이라는 이름 이외에 우리엘이라는 이름으로도 불린다(13:2).

르호보암은 이 둘째 부인에게서 아비야를 낳았다. 르호보암은 그의 부인들(왕비가 18명, 후궁이 60명이었다. 11:20~21) 가운데서 둘째 부인을 가장 사랑했다. 그의 부친인 솔로몬과 조부인 다윗처럼 르호보암은 많은 처를 거느리는 죄를 범했다(참조, 신 17:16~17). 아비야는 르호보암의 결정에 따라서 르호보암을 계승하도록 되어 있었다(참조, 13:1). 하지만 다른 아들들도 생각해서 그들에게 관직과 영토를 주고 또한 양식을 후하게 주었다(11:23).

3. 애굽의 예루살렘 침공(12장)

12:1~4 르호보암이 세운 요새화된 성읍은 시삭 1세(BC 935~914년에 애굽을 통치함)의 지휘하에 유다를 침공해 온 애굽 군대를 막을 수 있을 만큼 강력하지는 못했다. 이것이 르호보암의 통치 기간을 단축시켰다. 시삭은 전에 여로보암에게 망명처를 제공해 주었다(참조, 왕상 11:40). 시삭은 세숑크로도 알려져 있는데 그는 애굽 22대 왕조의 설립자였다. 그는 애굽의 카르낙의 아몬신전 벽에 그가 정복한 이스라엘의 도시들의 이름을 새겨놓았다.

르호보암의 통치 5년(BC 926년)에 여호와께서 르호보암이 여호와의 율법을 어긴 죄를 벌하시기 위해서 그 수단으로 시삭을 보내셨다(참조, 왕상 14:22~24). 1,200대의 병거와 마병 60,000명, 그리고 리비아인들, 숙(애굽의 외국인 상인들), 구스인들과 동맹해서 애굽의 왕은 이스라엘의 요새화된 성읍을 공략하는 데 큰 어려움 없이 예루살렘까지 이르게 되었다.

12:5~8 그때에 예언자 스마야(참조, 11:2; 12:15)가 르호보암에게 애굽의 침공은 하나님께서 유다의 죄를 벌하시기 위해서 보내신 것이며 진정한 회개만이 그것을 저지할 수 있다고 역설했다. 그들이 받아야 할 벌이 타당하다는 것을 알고, 백성들의 지도자들은 파멸에서 구원해 주시겠다고 하신 여호와께 겸손하게 나아왔다. 하나님께서는 그들을 애굽 왕의 종으로 삼으셨다. 이러한 방식으로 인간의 왕들의 잔인한 방법과 정반대되는 주님의 자비로운 법칙을 알게 되었다. 분명 르호보암의 통치 기간을 넘어서지는 않았겠지만, 이러한 관계가 얼마나 오래 지속되었는가 하는 점은 알 수 없다.

12:9~11 시삭은 예루살렘에서 물러가기 전에 성전과 궁전의 모든 금들을 다 탈취해갔다. 그래서 금이 귀해져서 르호보암은 금 방패를 청동 방패로 바꾸었다(참조, 9:15~16). 새 방패들을 도난당하지 않도록 파수병들을 세우고, 그들에게 그 방패들을 경호소에 가져다 두었다가 르호보암이 성전에 들어갈 때마다 다시 성전에 가져다 두도록 했다.

12:12~16 후대에 르호보암은 어느 정도 옛적의 힘을 되찾았다. 그는 58세의 일기에 죽었으며 그의 선왕들과 마찬가지로 예루살렘(다윗 성)에 장사되었다. 일생동안 하나님께 나아가지 아니하고 하나님을 거역한 르호보암의 통치 기간, 그리고 여로보암과의 전쟁에 관한 것은 예언자 잇도(참조, 9:29; 13:22)와 스마야(참조, 11:2; 12:5)의 족보책에 기록되어 있다.

B. 아비야(13장)

13:1~2상 유다 왕의 재위 연대 계산과 이스라엘의 연대 계산이 다르기 때문에 아비야는 이스라엘 여로보암의 재위 18년에 왕위에 오른다. 하지만 유다의 계산에 의하면 르호보암 17년이 된다(르호보암과 여로보암은 같은 시기에 왕위에 올랐다. 그래서 재위 연대가 같지만 유다와 이스라엘의 왕의 재위 연대 계산이 1년 차이가 난다). 아비야는 BC 913년에 왕위에 오르고 BC 911년까지 통치했다(참조, 그의 모친인 마가야에 대해서는 11:20~21 주해).

13:2하~12 아비야는 그의 부친인 르호보암의 시대에 세력을 떨쳤던 여로보암과 적대적인 관계를 유지했다. 그래서 그들 사이에는 대대적인 전쟁이 자주 일어났는데 그 당시 유다의 군사는 400,000명이었고 이스라엘의 군사는 800,000명이었다(2절하~3절). 아비야는 그들이 서로 피를 흘리는 전쟁을 하게 될 것으로 내다보고 스마라임 산, 베델에서 조금 떨어진 곳에 있는 이 산(참조, 수 18:22) 위에 올라 동족인 북이스엘 왕국의 사람들에게 자신의 생각을 알렸다. 그는 이스라엘 왕국의 사람들에게 왕국의 정통성은 여로보암에게 있는 것이 아니고 다윗에게 있다고 역설했다. 하나님께서 다윗과 소금 언약(이것은 인내를 상징한다)을 맺으셨다(참조, 레 2:13; 민 18:19 주해). 사실 여로보암의 반역적인 행동은 르호보암이 당시 나이가 어리고(이것은 상대적으로 어리다는 것이다. 르호보암은 41세에 왕위에 올랐다. 참조, 12:13) 정사를 잘 몰랐기 때문에 가능했다.

이스라엘 백성들은 사실 대단히 규모가 큰 군대였다고 아비야는 말한다. 하지만 그들은 진정한 제사장들과 레위인들을 축출했기 때문에(참조, 11:14절하~15절), 그리고 다른 신들을(금송아지. 참조, 11:15의 양과 가축의 우상들) 섬겼고, 여호와께서도 유다 편에 계시기에 그들은 승리에 대한 희망이 없다고 말했다, 하나님께서는 우리와 함께 계시며, 그는 우리를 인도하시는 분이시다라는 사실을 아비야는 사람들에게 강력히 확신시켰다(13:8~12. 아비야의 죄에 대한 언급도 있다. 13:21; 왕상 15:3). 솔로몬의 성전에는 등잔대가 10개 있었는데(4:7) 아비야는 하나만 언급하고 있다. 아마도 이 하나의 촛대는 모세가 장막에 만든 원래의 등잔대를 가리키는 것으로 보인다.

13:13~18 아비야가 유다 백성들에게 경고를 하는 동안 여로보암은 유

다 군대의 뒤에 복병을 배치했다. 그리고 나서 이스라엘 군대는 앞과 뒤에서 공격을 했다. 하지만 유다인들은 여호와께 도움을 청했다. 제사장들은 나팔을 불고(참조, 민 10:9) 병사들은 하나님께 부르짖었다. 그러자 하나님께서는 유다를 구원하시고 이스라엘을 패퇴시키셨다(13:16). 유다는 하나님을 의지했기 때문에 전쟁에서 승리할 수 있었다(18절). 이스라엘은 전쟁 중 800,000명(참조, 3절) 가운데 500,000명이 전사했다(17절).

13:19~22 전쟁에서 패한 이스라엘은 퇴각을 하고, 유다는 (1) 벧엘(여로보암이 금송아지를 만들어 놓고 예배를 드리게 하던 곳. 왕상 12:26~29, 33)과 (2) 여사나(현재의 브리엘이사네인데 실로에서 남쪽으로 약 6킬로미터 떨어진 곳에 위치하고 있다). 그리고 (3) 에브론(벧엘에서 북동쪽으로 약 6킬로미터 떨어진 곳에 위치하고 있다)을 취하였다. 여로보암은 이 전쟁으로 입은 손실을 극복하지 못했으며 아비야와 거의 같은 시기(BC 910년)에 사망했다. 아비야는 그의 부친과 조부처럼 정치적으로 강력했다. 그들처럼 아비야는 많은 부인을 거느렸는데(참조, 11:21) 14명의 부인을 얻고 자녀 38명을 낳았다. 아비야에 대한 기타 자세한 사항들은 예언자 잇도가 기록한 책에 언급되어 있다고 역대기 기자는 말한다(참조, 9:29; 12:15).

C. 아사(14~16장)

반복해서 강조하는 것과 같이 역대기 기자의 주된 관심 가운데 하나는 다윗 왕가를 하나님께서 선택하셨다는 사실과, 다윗 왕가의 역사적인 과정을 종합적이고 체계적으로 제시하는 것이다. 그래서 유다 왕들만 언급하고 있으며 이스라엘의 왕들은 유다 왕들과 관련된 부분에서만 언급하고 있다. 이것은 열왕기서 기자의 역사 서술과는 반대되는 방법인데, 열왕기서 기자는 최소한 사마리아의 함락 이전까지는 이스라엘의 왕들을 주로 다루고 유다의 왕들을 간혹 다루고 있다. 이에 역대하 10~13장에 여로보암에 대한 언급이 거의 없는 이유를 이해할 수 있다. 북이스라엘의 왕들을 기록에서 제외시키고 있는 것은 역대하의 나머지 부분에서도 동일하게 나타나고 있다. 그래서 역대기 기자는 이스라엘 왕국에서 누가 여로보암을 계승했는지를 전혀 언급하지 않고 유다의 새로운 왕인 아사의 통치를 다루고 있다(14~16장).

1. 아사가 하나님께 순종함(14장)

14:1~5 아사는 아비야의 아들인데 그는 41년 동안(BC 911~870년. 참조, 16:13) 유다를 다스렸다. 그의 통치 기간 중 초반 10년, 즉 세라가 반란을 일으키기 전까지는 평화로운 시대였다(14:6). 아사는 당시 백성들이 섬기고 있던 이방 종교의 물건들을 파괴하고 백성들이 하나님과 맺은 계약을 충실히 준행하도록 촉구했다는 점에서 선왕으로 평가받고 있다. 주상과 아세라 상(3절)은 타락한 자연 종교에서 중요한 역할을 하던 것으로 가나안의 풍요의 상징이었다(산당에 대해서는 민수기 33:52 주해를 보라). 아세라 상은 바알의 모친이며 또한 엘의 부인인 아세라를 새겨놓은 조각으로 보이는데, 이것은 바알 예배에서 향을 피우는 곳으로 사용되었을 것으로 추정된다.

14:6~10 군사적인 측면에서 아사는 그의 조부인 르호보암이 수비를 강화시킨 성들(11:5~12)을 다시 강화시켰다(14:6~7). 아사는 유다와 베냐민에서 군인들을 징집해서 방패와 창을 쓰는 용사 580,000명을 소집했다(14:8). 아사는 구스인(구스는 오늘날의 이집트와 수단의 남부 지역, 그리고 에티오피아의 북부 지역이다)인 세라와 시삭에 이어서 애굽 왕위를 계승한 오소르콘 1세(BC 914~874년)가 거느리는 용병들의 침입을 내다보았던 것 같다. 세라는 군사 백만과 병기 삼백을 데리고 마레사에서 아사와 접전을 했다(마레사는 예루살렘에서 40킬로미터 남서쪽에 위치한 곳이다. 참조, 11:8; 미 1:15). 스바다는 성경에서는 유일하게 이곳에서만 언급되고 있으며 다른 곳에서는 전혀 나타나지 않는 지명이다. 세라의 군인들 가운데는 리비아인들이 포함되어 있었다(참조, 16:8). 시삭은 유다 침공에 성공했지만(12:2, 4, 9) 세라는 성공하지 못했다. 시삭은 르호보암의 범죄에 대한 하나님의 도구로 사용되었기 때문에 성공할 수 있었지만(11:21; 12:1~2) 세라는 아사가 하나님께 신앙을 지켰기 때문에 성공할 수 없었다(참조, 14:2).

14:11~15 아사는 긴박한 상황 가운데서 하나님께 부르짖었다. 그리고 승리를 얻었다. 많은 사상자를 내고 구스인들은 그랄까지 퇴각했다(그랄은 마레사의 남서쪽으로 32킬로미터쯤 떨어진 곳에 위치해 있었다). 이곳은 애굽인들이 점령했던 지역이다. 아사는 그랄에 이르러서 그랄과 그 주변 마을들을 파괴하고 승리의 개가를 부르면서 예루살렘으로 돌아왔다. 그는 많은 짐승들과 많은 물건들을 전리품으로 가져왔다. 유다는 요시야가 느고와 접전을 한 BC 609년(35:20~24)까지는 애굽과 전쟁 없이 지냈다.

2. 아사의 종교개혁(15장)

15:1~7 오뎃의 아들 아사랴(하나님의 선지자로서 그의 이름은 이곳에만 나타난다)가 아사에게 가서 하나님을 잘 섬기도록 권면하고, 여호와를 섬기면 하나님께서 계속 축복해주실 것이라고 말했다. 아사랴는 아사에게 백성들이 율법을 망각하지 않도록 그들을 잘 다스리라고 권고했다(3절에 나오는 '참 신이 없다'는 것은 하나님께서 이스라엘 백성들에게 임하시지 않으셨다는 것을 의미하며, '율법도 없다'는 것은 율법을 알지 못한다는 것과 그것을 따르지 않음을 의미한다. 3절). 그리고 무정부 상태를 야기하지 않도록 충고했다(5절의 '크게 요란하여'와 6절의 '고난'이 무정부 상태를 의미한다). 이러한 일들은 이스라엘 백성들이 이미 과거, 특히 사사 시대에 저질렀던 것들이다. 아사랴는 아사에게 강해지라고 말했다.

15:8~15 아사는 아사랴의 예언을 듣고 더욱 힘써서 우상들을 파괴하고 (참조, 14:3~5), 이유를 알 수 없지만 부서진 여호와의 성전의 청동 제단을 보수했다. 그후 아사는 그의 재위 15년(BC 896년) 셋째 달(5~6월)에 (에브라임 지파와 므낫세 지파, 시므온 지파의 잔류자들을 포함해서) 모든 백성을 소집했다(유다 지파에 동화되지 않은 시므온 사람들은 북쪽으로 이민을 갔다). 아사는 여호와와 이스라엘인들의 조상인 모세 사이에서 체결된 계약을 갱신하기 위해서 백성들을 소집했다(15:12). 그들이 그랄 근방의 마을들에서 가져온 가축들(참조, 14:15) 가운데서 소 700마리와 양 7,000마리를 제사장들이 번제로 드렸다(15:11). 계약을 갱신하는 데 참여하지 않는 사람은 사형에 처하기로 했는데, 그것은 계약 갱신을 거부하는 것은 곧 여호와를 거역하는 것이며 다른 신들을 섬긴다는 표지로 생각

했기 때문이다(13절. 참조, 민 13:6~9). 백성들은 마음을 다하여 그들이 계속해서 하나님만을 섬기며 살겠다고 서약했다(15:14~15).

15:16~19 아사의 종교개혁 가운데서 가장 주목할 만한 일은 그가 자신의 어머니 마아가(히브리 본문에는 엠[אֵם]으로 되어 잇는데, 히브리어에서는 '엠'은 어머니와 할머니의 의미를 다 가지고 있다)를 태후의 자리에서 축출시킨 것이다. 마아가는 '태후'였기 때문에 아사의 어머니일 수도 있다. 만약 그의 어머니의 이름이 마아가라면 이것은 우연한 일치이다(참조, 11:20). 마아가는 가나안의 풍요의 상징인 아세라의 목상(참조, 14:13 주해)을 세웠는데 아사는 그 우상을 찍고 빻아 기드론 시냇가(예루살렘의 정동쪽에 위치해 있다)에서 불살랐다(참조, 29:16; 30:14). 그래서 아사는 유다에서 이방의 종교 양식을 근절시켰다. 하지만 이방의 제단들이 있는 산당들은 그대로 남겨두었다(참조, 14:3).

아사는 그의 부친인 아비야와 자신이 특별히 준비한 금과 은으로 성전을 장식했는데, 이것은 아사의 조부 시대(12:9)에 시삭에 의해서 탈취당한 성전을 복구하려는 시도였던 것으로 보인다. 이러한 아사의 종교개혁과 하나님에 대한 신실함으로 하나님께서는 아사의 재위 35년(BC 876년. 참조, 16:1 주해)까지 평화를 주셨다.

3. 아사가 아람과 조약을 맺음(16장)

16:1 아사는 그의 재위 36년에 이스라엘의 왕인 바아사와 격돌하게 되었다. 바아사는 이스라엘과 유다의 국경 지역인 라마(예루살렘에서 북쪽으로 10킬로미터가량 떨어진 곳에 위치해 있다)에 요새를 건축했다. 바아사

는 이 요새를 지어서 이스라엘이 유다를 침공하고 영토를 확장하는 기지로 삼으려고 했다. 그런데 여기서 한 가지 문제가 제기된다. 바로 바아사와 아사의 연대 문제이다. 바아사는 BC 909년에서 886년까지 재위했는데(참조, 왕상 15:33) 이렇게 보면 아사의 재위 36년(BC 876년)보다 10년 이전에 벌써 사망한 것으로 된다. 이러한 모순 때문에 몇몇 학자들은 역대하 15장 19절에 나오는 35년은 아사의 재위 연도가 아니고 이스라엘과 유다가 분리한 BC 931년 이후로 35년째 되던 해라는 주장을 한다. 그들의 계산에 따르면 이 시기는 BC 896년이다. 하지만 이러한 주장은 전혀 타당성이 없다. 왜냐하면 '왕국 설립 35주년'을 역대기 기자가 '아사왕 35년'이라고 기록할 리가 없기 때문이다. 보다 타당한 주장은 히브리 필사자가 성경을 필사하다가 숫자상의 오류를 범한 것으로 보는 것이다. 히브리 필사자는 원래 15년과 16년을 35년(15:19)과 36년(16:1)으로 잘못 읽고 그렇게 필사했을 가능성이 있다. 이렇게 보면 본문의 사건 연대는 BC 895년이 되고 바아사의 통치기간 속에 포함된다.

16:2~6 아사는 바아사의 요새 건축에 위협을 느껴서 다메섹의 아람 왕인 벤하닷에게 뇌물을 보내서 자신과 보호조약을 체결하고, 바아사와 벤하닷과 맺은 조약을 파기하도록 요청했다. 벤하닷은 아사의 말에 동의하고 북이스라엘을 침공해서 중요한 도시들을 점령했다. 단과 아벨마임(또는 아벨 벧마아가. 왕상 15:20)은 훌레 호수에서 북쪽으로 16킬로미터 떨어진 곳에 위치하고 있으며 이욘(현재의 메리 아윤)은 아벨마임의 정북쪽에 위치하고 있었다. 벤하닷이 이 성들을 공격하자 바아사는 라마 성 건축을 중지했다. 아사는 바아사가 건축을 중지하자 온 유대인들을 데리고 가서 돌과 재목 등 건축 자재를 실어다가 게바와 미스바에 방위 시설을 강

화시켰다(이 두 도시는 모두 유다와 이스라엘의 국경 지대에 위치하고 있
다). 미스바는 오늘날의 네비 삼윌이다.

16:7~10 아사가 벤하닷과 연합하자 선견자(예언자) 하나니가 아사를 책
망했다. 하나니는 아사가 구스인들(14:12)과 룹인들을 쳐부수고 승리를
얻은 것은 그의 군사가 강해서가 아닌 여호와로 말미암았다는 사실을 그
가 망각했다고 질책했다. 이러한 어리석은 행동으로 인해서 아사는 그의
남은 생애 동안 전쟁을 피하지 못할 것이라고 예언했다. 이러한 하나님의
질책은 아사를 크게 분노케 하여 결국 하나니를 투옥시키고 그때부터 백
성들을 학대하기 시작했다.

16:11~14 유다와 이스라엘 열왕기(성경의 열왕기서가 아니다)는 아사의
치적에 대해서 상세하게 기록했다. 후에(그의 재위 39년 되던 해. BC 872년)
아사는 발에 병이 났는데 하나님의 도움을 청하기보다는 오히려 의원들에게
자기 몸을 맡겼다. 그리고 나서 2년 후(BC 870년)에 아사는 사망하고 향 재료
에 덮여서 장사되었다.

아사는 전체적으로 보아 의로운 왕이었지만 하나님을 믿지 않은 벤하
닷과 조약을 맺고, 또한 그가 질병 가운데 하나님을 신뢰하지 않음으로써
그의 생애는 오점으로 얼룩지고 말았다. 아사의 아들인 여호사밧은 BC
873년부터 848년까지 통치했는데 그의 통치 연대는 아사의 통치 연대와
비교할 때 3년이 중복된다. 이것은 아사가 그의 말년의 3년 동안에는 전
혀 국정을 돌볼 수 없었다는 것을 의미한다.

1. 여호사밧의 강력한 왕국(17장)

17:1~9 아사가 죽은 후에 그의 아들인 여호사밧이 왕위를 계승했다. 역대기 기자는 여호사밧을 상당히 좋게 평가하고 있다. 여호사밧은 이스라엘의 침공을 막기 위해서 견고한 성읍(그의 부친인 아사가 점령한 에브라임의 도시들을 포함해서 많은 성. 참조, 15:8)들을 쌓았고 여호와를 신실히 섬김으로써 이방의 예배 양식을 폐지하고 우상들을 파괴했다(17:3~4, 6; 바알의 주상들에 대해서는 사사기 2:11 주해를, 그리고 아세라의 상에 대해서는 역대하 14:3 주해를 보라). 여호사밧은 하나님으로부터 부귀와 영광의 은혜를 받았으며(17:5), 교사들(방백들, 레위인들, 제사장들)을 온 유다 지방에 보내서 백성들에게 율법을 가르치도록 했다(7~9절). 백성들에게 율법을 가르친 일은 그가 왕위에 오른 지 3년째 되던 해(7절), 즉 아사가 죽은 다음에 행했다.

17:10~19 여호사밧은 주변의 국가들로부터 두려움의 대상이었기에 평화를 유지할 수 있었고, (블레셋과 아라비아를 포함해서)몇 나라들은 자신들이 여호사밧에게 복종한다는 표지로 조공을 바치기도 했다. 이렇게 주변 국가들이 여호사밧을 두려워한 것은 여호사밧이 유지하고 있던 대규모의 군사력이었다. 여호사밧은 유다 지역의 수비를 강화하고 (12~13절) 유다에서 780,000명, 그리고 베냐민에서 380,000명(14~18절)

을 징집했다. 이 숫자는 기타 성들에 주둔하고 있던 군대를 제외한 수이다(19절). 유다의 군대 규모는 당시의 상황에 비추어 볼 때 대규모의 병력이었다. 여호사밧의 부친인 아사는 유다에서 300,000명, 베냐민에서 280,000명을 소집했다(14:8). 어떤 학자들은 여호사밧이 정확한 수를 알 수 없는 그러한 군대 조직을 갖고 있었다고 주장한다(히브리어에서 '천'은 100명이 채 안 되는 작은 사람들의 무리를 가리키기도 한다. 유다는 이러한 단위를 780개를 갖고 있었다). 하지만 여호사밧보다 100년 전인 다윗의 시대 이래로 유다 군인들은 500,000명(삼하 24:9)이었는데 여호사밧이 780,000명을 징집했다는 것은 그렇게 놀라운 일이 아니다.

2. 여호사밧이 아합과 동맹을 맺음(18:1~19:3)

18:1~3상 여호사밧의 강력한 군사력은 이스라엘의 왕 아합의 호감을 샀다. 아합은 여호사밧을 두려워해서 여호사밧과 동맹을 맺기를 바라고 있었다. 아합은 이스라엘의 오므리 왕조의 두 번째 왕이었다. 이 오므리 왕가는 북왕국에서 가장 영향력이 있는 왕가였다. 아합은 여호사밧과 거의 같은 시기에 왕국을 다스렸으며(아합은 BC 874년에서 853년까지 다스렸다) 결혼 관계를 통해서 여호사밧과 관계를 맺었다(여호사밧의 아들인 여호람이 아합과 이세벨의 딸인 아달랴와 결혼했다. 21:6; 22:2절하). 아합은 말년에 이르러서(BC 853년에) 요단 동편에서 아람인들과 처절한 접전을 벌였다(참조, 왕상 22:1~4). 여호사밧은 당시 이스라엘의 수도인 사마리아에 가서 아합을 만났다. 아합은 화려한 잔치로 여호사밧을 부추겨서 함께 길르앗 라못으로 가서 아람인들과 접전하자고 제안했다.

18:3하~7 함께 동맹하여 아람을 치자는 제의를 받고 여호사밧은 아합에게 하나님께서 허락하시면 그 제안을 받아들이겠다고 대답했다. 그래서 아합은 그에게 아첨하는 400명의 거짓 선지자들(아세라의 예언자들로 생각된다. 참조, 왕상 18:19절하)을 불러 모았는데, 그들은 아합의 계획이 하나님의 뜻이라고 말했다. 하지만 여호사밧은 그들이 모두 거짓 예언자들이라는 것을 알아차리고 여호와를 경외하는 참 예언자를 불러줄 것을 요청했다. 여호사밧이 원하는 그런 예언자는 이스라엘에 한 사람밖에 없었다. 그는 바로 이믈라의 아들 미가야였다. 하지만 미가야는 자신의 진실함을 굽히지 않았고 항상 아합에게 바른 말만 했기 때문에 그로부터 미움을 받았다(참조, 18:17).

18:8~11 왕의 명령을 받은 사람들이 미가야를 부르러 간 동안 거짓 예언자들은 계속해서 아합의 승리를 예언하고 있었다. 그 가운데 시드기야는 상당히 극적인 방법으로 아합의 승리를 예언했는데, 그는 철로 만든 뿔을 손에 들고서 그 뿔이 바로 아합이 적을 물리칠 수 있는 능력을 상징한다고 말했다.

18:12~17 그러는 동안에 미가야가 도착했다. 미가야를 부르러 간 왕의 사자는 그에게 왕이 듣기 좋아하는 말을 하라고 충고했다. 미가야는 하나님께서 말씀하시는 대로 예언하겠다고 말했다. 미가야는 아합 왕이 출전하는 것이 좋겠는지 묻자 왕이 승리할 것이라고 거짓말을 했다(14절하). 하지만 그는 이어서 여호와께서 들려주시는 참 메시지를 전했다. 그는 이스라엘이 패할 것을 예언했다. 미가야는 이스라엘을 목자(아합)가 없는 양떼에 비유했다.

18:18~27 그런 다음에 미가야는 환상을 보는데 여호와께서 악한 영을 불러서 아합의 선지자들에게 거짓말하는 영을 불어넣어 주도록 하는 장면을 자신이 보았다고 말했다(18~22절). 시드기야(참조, 10절)는 미가야의 말을 듣고 있다가 미가야의 뺨을 쳤는데, 미가야는 시드기야가 이스라엘이 패하는 날에 재난을 당하게 될 것이라고 예언했다(23~24절). 아합은 미가야의 말을 듣고 나서 미가야를 사마리아의 시장 아몬과 왕자인 요아스에게 인계했다(25절). '왕자'는 아합의 아들을 의미하는 것이 아니고 당시 관직의 칭호였다(참조, 렘 36:26; 38:6; 대하 28:7). 아합은 미가야를 수감시키라고 명령했다. 아합이 출전할 때 미가야는 왕이 살아서 돌아오지 못할 것이라고 다시 분명히 예언했다(18:25~27).

미가야가 본 환상에 대해서 어떤 사람들은 문제를 제기한다. 즉 하나님이 속이시는 분이라고 말한다(18~21절). 하지만 우리는 성경에 나타난 많은 경우에서 하나님께서는 악을 만드시지는 않지만 그것을 하나님의 목적을 이루시기 위해서 허용하시는 경우가 있음을 본다. 이것은 하나님의 주권에 해당하는 것이다(참조, 삼상 16:14; 욥 1:12; 2:5~6; 고후 12:7).

18:28~19:3 아합은 미가야의 예언을 무시하고(18:25) 여호사밧과 함께 출전했다. 아합은 변장을 했음에도 불구하고 적병이 쏜 화살에 치명상을 입고 날이 저물어 갈 무렵 운명했다. 여호사밧은 하나님의 자비하심으로 생명을 보전하고 가까스로 도망을 쳤다. 하지만 여호사밧이 예루살렘에 도착했을 때 하나니의 아들(참조, 16:7, 하나니와 아사) 선견자 예후(참조, 20:34)를 만났는데, 예후는 여호사밧이 하나님의 뜻을 따르지 아니하고 아합과 동맹을 맺은 사실을 책망했다(19:1~2). 예후는 여호사밧을 책망하고 나서 여호사밧이 유다에서 아세라의 목상을 제거하고(참조, 17:6)

한 마음으로 여호와를 사랑하는 것을 칭찬했다(19:3).

3. 여호사밧이 재판관들을 임명함(19:4~11)

19:4~11 여호사밧은 자신의 종교개혁의 일환으로서 유다 전 지역을 여행하면서 백성들에게 하나님께로 돌아오도록 권면했다. 그는 또한 하나님을 경외하는 재판관들을 전국에 임명해서, 그들로 여호와를 두려워하게 하고 뇌물을 받지 말고 재판할 때 편파 없이 하도록 명령했다(참조, 신 16:18~20). 여호사밧은 예루살렘에 최고 재판소와 같은 것을 만들어서 예루살렘에 사는 사람들의 문제를 재판하도록 했다. 그는 대제사장 아마랴로 최고 재판소를 관장하게 하고 종교적인 문제를 다루도록 하며, 스바댜(17:8의 레위인 스바댜와는 동명이인이다)에게는 민사 문제를 다루도록 위탁했다. 레위인들은 아마랴와 스바댜의 지휘를 받으면서 백성들 사이에서 일어나는 모든 문제를 재판하도록 했다.

4. 외국의 동맹국들이 여호사밧에게 패배당함(20:1~30)

20:1~2 길르앗 라못에서 끔찍한 참패를 당한 지 얼마 되지 않아서(18장) 모압과 암몬, 마온 사람들이 요단강을 건너서 여호사밧을 공격해 왔다. 마온 사람들(참조, 대상 4:41; 대하 26:7)은 에돔, 그리고 사해의 동쪽과 남쪽에서 거주하고 있던 아랍인 부족이었다. 20장 2절에 언급된 군대는 아람이 아닌(참조, NIV 난외주, 2절) 에돔에서 온 것으로 보인다(참조, 10, 22~23절의 세일 산[에돔]). 여호사밧은 이들 동맹국의 대군이 이미 사해의 서편에 있는 하사손다말(엔게디. 참조, 삼상 23:29)까지 진군해 왔으

며, 그들이 예루살렘을 향해서 오고 있다는 보고를 받았다.

20:3~12 이러한 긴박한 상황에 처해서 여호사밧은 전국적으로 금식을 선포했다(전국적인 금식은 백성들의 신실함을 보여주기 위한 것이다. 참조, 삼상 7:6). 그리고 백성들이 하나님을 찾도록 촉구했다. 그리고 여호사밧은 여호와의 전 새 뜰(참조, 4:9) 앞에서 여호와께 기도하면서 자신들이 처한 상황을 아뢰었다. 여호사밧은 먼저 하나님의 주권적인 능력을 찬양하고(20:6), 그들에게 내려주신 하나님의 은혜, 즉 아브라함의 자손들에게 땅(7절. 참조, 창 15:18~21)과 성전(성소, 20:8)을 주신 은혜를 상기했다(아브라함은 이사야 41장 8절과 야고보서 2장 23절에서 '하나님의 친구'로 불린다).

그런 후 여호사밧은 이스라엘 백성들이 성전 앞에서 하나님을 찾으면 그들을 구해주시겠다고 말씀하신 여호와의 약속을 언급한다(20:9. 참조, 6:28~31). 여호사밧은 유다가 지금 당하고 있는 급박한 상황을 하나님께 아뢰는 것으로 기도를 마친다. 이스라엘이 애굽에서 나와 가나안으로 들어가는 동안에, 하나님께서 허락하지 않으셨기 때문에 진멸하지 않고 우회해서 지나쳤던 그 나라들이 이제 유다를 침공해 오고 있다고 기도했다. 이스라엘 백성은 이제 여호와의 도움이 절실했다("우리를 치러 오는 이 큰 무리를 우리가 대적할 능력이 없고 어떻게 할 줄도 알지 못하옵고 오직 주만 바라보나이다"). 그들은 이 예기치 않았던 상황에 직면해서 하나님께서 그들을 구원해 주실 것을 간구했다(20:10~12).

20:13~19 여호사밧의 절절한 기도가 끝나고 나자 여호와의 신이 레위인인 야하시엘에게 임해서 그가 온 회중에게 하나님의 음성을 전했다. 그

가 전한 메시지는 위로의 메시지였다(그는 두 번 반복해서 두려워하거나 놀라지 말라고 전했다. 15, 17절). 야하시엘은 하나님께서 들려주시는 음성에 따라서 전하기를 "이 전쟁은 너희에게 속한 것이 아니요 하나님께 속한 것이니라"고 말했다. 다윗 역시 그가 골리앗과 싸울 때 이와 비슷한 말을 했다(삼상 17:47). 기도를 마치고 나서 그 다음날 유다 백성들은 출전해서 시스 고개(예루살렘의 남동쪽에 위치하고 있는 유다 광야에 있는 고개)에서 적과 접전했다. 하지만 적들이 나타나자 그들은 단지 서서 하나님께서 행동하시는 것만 보면 되었다. 그런 후 온 회중은 엎드려서 여호와께 예배드리고 몇몇 레위인들은 여호와께 큰 소리로 찬양을 드렸다.

20:20~26 그 다음날 여호사밧과 노래하는 자들은 적과 접전하기 위해서 드고아 들로 나아갔다(드고아는 아모스의 고향인데[암 1:1] 예루살렘에서 남쪽으로 약 19킬로미터쯤 떨어져 있다). 노래하는 자들은 백성들에게 용기를 북돋워주면서 여호와를 신뢰하도록 했다. 마침내 접전하게 되었을 때 여호와께서는 동맹국들의 군대에 심한 혼란을 일으켜서 그들이 서로 싸우도록 하셨다. 암몬인들과 모압인들이 메온 사람들과 싸웠는데 세일 사람들이 멸절되기까지 싸웠다. 그리고 세일 사람들이 다 전사하자 이제는 암몬인들과 모압인들 사이에 싸움이 벌어졌다. 이런 와중에 전사자들이 속출해서 유대인들은 전리품을 다 옮기지도 못할 정도였다. 유대인들은 가만히 앉아서 승리를 거두었는데 그들은 자신들에게 승리를 주신 여호와께 감사를 드리면서 브라가(찬양) 골짜기에 모여 하나님의 무한하신 사랑을 찬양했다(20:21. 여기서 사랑은 헤세드(חֶסֶד)로서 하나님의 인내하시는 사랑이다. 참조, 5:13; 6:14; 7:3, 6).

20:27~30 그런 다음 병사들은 고향으로 돌아와서 악기를 들고 성전에서 여호와를 찬양했다. 하나님께서 유다를 지키신다는 것을 분명히 알게 된 이방 국가들은 이제 여호와를 두려워하게 되었다. 그때부터 여호사밧은 평화를 누리게 되었다.

5. 여호사밧의 말년(20:31~37)

20:31~33 역대기 기자는 여호사밧의 기록을 마무리하면서, 여호사밧이 즉위할 때의 나이(35세)와 그의 통치 기간(25년), 그리고 그의 모친의 이름(아수바)을 언급하고 있다. 역대기 기자는 여호사밧에 대해서 상당히 좋은 평가를 내리고 있다. "여호사밧이 그의 아버지 아사의 길로 행하여 돌이켜 떠나지 아니하고 여호와 보시기에 정직하게 행하였으나." 하지만 여호사밧은 산당을 그대로 남겨두었는데 그래서 백성들은 온전히 하나님께 나아가지 못했다. 여호사밧이 그의 통치 초기에 이방의 종교 양식을 철폐했지만(17:6) 나중에 백성들이 다시 산당에서 이방 예배의식을 행했던 것으로 보이고 여호사밧은 이를 묵과했던 것으로 보인다.

20:34~37 역대기 기자는 여호사밧의 통치에 대한 상세한 사실들이 선지자 예후의 글에 기록되어 있다고 언급하면서(참조, 19:2; 33:18 주해; 왕상 14:19 주해; 역대상 '서론'의 '저자' 주해), 여호사밧의 실수, 즉 아합의 아들인 아하시야(왕상 22:49)와 함께 에시온게벨(참조, 8:17 주해)에서 상선을 건조했는데 결국 실패하고만 사건을 첨가하고 있다. 아하시야와 여호사밧의 이러한 계획은 여호와께서 중지하셨는데, 그것은 선지자 엘리에셀(마레사 지방 사람으로 이 지역은 구스인들이 아사에 의해서 패한 곳

이다. 14:9~15)이 선포한 것처럼 여호사밧이 하나님을 경외하지 않는 아하시야와 손을 잡은 것은 결코 하나님의 뜻이 아니었기 때문이다(참조, 19장). 하나님께서는 여호사밧이 불경스러운 오므리 왕가와 협약을 맺는 것을 바라지 않으셨다. 이런 연유로 해서 여호사밧과 아하시야가 지은 배들은 항해를 하기도 전에 부서지고 말았다.

E. 여호람(21장)

21:1~3 여호사밧의 뒤를 이어서 그의 아들(여호사밧의 일곱 아들 가운데 장남)인 여호람이 왕위를 계승했다. 여호사밧은 나머지 여섯 아들에게도 토지와 재산을 주었다.

21:4~7 하지만 여호람은 자신이 왕위에 오르자 형제들과 왕가의 사람들을 살해했는데 이것은 그가 이스라엘의 악한 통치자들과 깊은 관계를 맺었기 때문인 것으로 보인다(4, 6절). 이러한 악을 저지른 여호람 역시 8년이라는 짧은 기간을 통치한 후 잔인하게 살해되었다(5절. 여호람은 BC 848~841년까지 통치했다). 그의 부친인 여호사밧처럼 여호람은 오므리 왕가와 밀접한 친분 관계를 유지했다. 그래서 그는 아합의 딸인 아달랴와 결혼까지 했다(6절. 참조, 22:2). 하지만 여호람의 이러한 개인적인 악행에도 불구하고 여호와께서는 유다를 멸하지 않으셨다. 이것은 여호와께서 다윗과 맺은 영원한 계약을 기억하고 계셨기 때문이다(21:7. 참조, 대상 17:4~14). 계속 켜 있는 등불과도 같이 다윗 왕가는 유지되고 있었다(참조,

삼하 21:17; 왕상 11:36; 15:4; 왕하 8:19).

21:8~11 다윗과 솔로몬 시대 이후로 이스라엘과 유다는 에돔을 비롯해서 몇몇 국가들을 다스리고 있었다. 하지만 모압은 여호사밧의 시대에 이스라엘로부터 독립을 꾀했는데 결국 여호람 왕 때에 완전히 분리됐다. 역대기 기자도 지적하고 있는 것처럼, 여호사밧과 여호람은 속국들에 대한 통치권을 유지하기 위해서 힘을 기울였다. 하지만 그들의 이러한 시도는 성공하지 못했다(참조, 왕하 3장). 이제 에돔이 유다로부터 완전히 분리해 나가자 여호람은 군사를 거느리고 에돔을 공격했다(21:8~10절상) 그리고 립나도 배반을 했는데(10절하) 이것은 새로 힘을 얻은 블레셋이 립나가 위치하고 있던 저지대를 압박한 것에서(참조, 16절) 비롯된 결과이다. 그런데 역대기 기자는 이러한 모든 일은 여호람이 백성들을 하나님으로부터 멀어지게 하고 이방 종교를 들여왔기 때문이라고 기록하고 있다(10절하~11절).

21:12~15 그리고 선지자 엘리야가 여호람에게 편지를 보내서 여호람이 하나님을 경외했던 유다의 선왕들을 따르지 아니하고 이스라엘 왕들의 행동을 따르고 있다고 책망했다(12~13절). 그래서 여호와께서 큰 재앙으로 유다와 여호람의 가족들을 치시고 여호람은 창자에 중병이 들 것이라고 말씀했다(14~15절).
　엘리야가 보낸 편지는 단순한 흥미 이상의 의미를 지니고 있는데, 즉 대예언자들이 기록한 편지들 가운데서 유일한 것이라는 점 때문이다. 몇몇 학자들은 이 편지가 원래의 것이 아니라고 말하는데 그들은 여호람이 즉위하기 전에 이미 엘리야는 승천했다고 주장한다. 하지만 엘리야는 아합의 아들인 요람이 그의 형인 아하시야의 뒤를 이어서 왕위에 오른 BC 852년에도 생존해 있었다(참조, 왕하 1:17).

열왕기하의 기자가 기록하고 있는 이 사건은 '유다의 왕인 여호람 제2년에' 일어났다. 여호람은 여호사밧이 사망한 BC 848년부터 정식으로 왕위에 올랐지만, 그의 부친인 여호사밧이 말년에 제대로 국사를 감당할 수 없었기 때문에 여호람이 BC 853년부터 848년까지 여호사밧을 대신해서 왕권을 수행해 왔다. 물론 여호람이 BC 848년에 이르러서 그의 형제들을 살해했다는 것은 사실이다. 이렇게 보면 엘리야가 이 사실을 알았는가 하는 문제가 남는다. 엘리야의 승천이 언제 일어났는지 그 정확한 연대를 알 수 없기 때문에 설불리 단정 내릴 수 없다.

21:16~20 엘리야의 예언은 결국 사실로 입증되었다. 유다는 블레셋 사람들과 구스(이들은 북동부 아라비아에 사는 구스인들이 아니고, 남부 아라비아의 구스인들을 가리킨다) 근방에 거주하고 있는 남부 아랍인들에 의해서 공격을 받았다. 이 침략자들은 예루살렘의 왕궁을 파괴하고 가장 나이 어린 왕자만을 남겨두고 모든 왕족을 납치했다. 여호람은 엘리야가 예언한 대로 병에 걸렸는데(참조, 15절) 그가 무슨 병에 걸렸는지는 분명하게 알 수 없다. 15, 18~19절에 언급된 사실을 가지고 그의 병을 진단할 수는 없다. 그가 장사되었을 때 백성들은 그에게 분향하지 않았다. 아사에게는 백성들이 존경의 표시로 분향을 했는데 여호람에게는 그렇게 하지 않았다는 것이다(16:14). 아무도 여호람의 죽음을 슬퍼하지 않았다. 그는 백성들에게 유익을 주기보다는 오히려 해를 주었다. 그는 다른 몇몇의 유다 왕들처럼 예루살렘에 장사되었지만 왕의 무덤에 묻히지는 못했다(참조, 24:25; 26:23; 28:27).

F. 아하시야(22:1~9)

22:1~5상 아하시야는 여호람의 막내 아들이었으며 유일한 생존자였다 (참조, 21:17). 아하시야는 왕위에 올라서 1년 동안 통치했다(BC 841년). 이때 그의 나이는 22세였다. 히브리 본문에는 42세로 되어 있는데(참조, NIV 난외주) 이것은 필사자의 실수에서 비롯된 것으로 그의 나이는 실제 22세였다(참조, 왕하 8:26). 그의 부친이 사망했고 그의 모친이 아달랴(아합의 딸, 즉 오므리의 손녀이다)였기 때문에, 아하시야가 비록 짧은 기간 동안 통치를 했지만 선정을 하지 못했음은 조금도 놀라운 일이 아니다. 그는 그의 부친을 섬겼던 모사들의 간언을 받아들여서 매사를 처리했는데, 특히 그들의 자문을 받아서 아합의 아들이며 이스라엘의 왕인 요람과 동맹을 맺고 아람 왕 하사엘과 전쟁을 했다. 아합은 길르앗 라못에서 전사했는데(18:34) 이제 하사엘이 벤하닷을 살해하고 아람의 왕이 되어서 아하시야와 요람의 군대와 전쟁을 하게 된 것이다(왕하 8:14~15).

22:5하~9 이스라엘의 왕인 요람은 길르앗 라못 근처의 전투에서 부상을 입고 그의 별궁이 있는 이스르엘로 돌아와서 상처를 치료받고 있었다. 그때 아하시야가 요람을 방문했는데 이것은 아마도 그들이 친척 관계에 있었기 때문인 것으로 보인다(요람은 아달랴의 오빠이며 그래서 아하시야에게는 삼촌이 된다). 요람과 아하시야가 이스르엘에 머무는 동안 당시 이스라엘의 군대 장관이던 님시의 아들 예후가 그들을 공격해 왔다(예후는 이미 여호와로부터 이스라엘의 다음 왕으로 선택 받았다. 참조, 왕

하 9:1~13). 예후는 요람을 죽인 다음 (왕하 9:24, 이스르엘에서 약 32킬로미터쯤 남쪽에 위치하고 있는 사마리아로 도망가는)아하시야를 뒤쫓아서 그를 다시 이스르엘로 끌고 왔다.

역대기 기자는 아하시야가 이스르엘에서 죽었다고 기록하고 있는데 (22:9), 이에 비해 열왕기서의 기자는 아하시야가 므깃도에서 죽었다고 기록하고 있다(왕하 9:27). 상반되는 것으로 보이는 이 두 기록은 사실 서로 간의 내용을 보충해 준다. 아하시야는 사마리아로 도망했는데 그는 거기서 예후가 보낸 사람에게 붙잡혀서 예후에게로 다시 끌려왔다. 예후는 잡혀오는 아하시야를 만나기 위해서 이스르엘을 떠났는데, 그러는 동안 예후의 군인들이 아하시야에게 부상을 입히고 아햐시야는 므깃도로 도망을 가다 거기서 죽었다(왕하 9:27).

아하시야의 종복들이 아하시야의 시신을 가져다가 예루살렘에 장사지냈다(왕하 9:28). 이 두 왕을 죽이고 나서 예후는 이스라엘과 유다의 거의 모든 왕족을 몰살했다(22:8. 참조, 왕하 10:1~14). 이러한 일을 통해서 예후는 북왕국의 실권을 장악했다. 그리고 다윗 왕가의 모든 남자가 죽고 요아스만이 살아남았다. 요아스는 당시 어린 아이였다.

G. 아달랴(22:10~23:21)

22:10~12 아하시야의 죽음으로 공석이 된 유다의 왕위를 아달랴가 찬탈했다. 그녀는 아하시야의 모친으로 원래 이스라엘 사람인데 성품이 잔인했다. 그녀는 예후가 시작한 피의 대참사를 마무리하는 역할을 했다.

그녀는 모든 유다의 왕족을 다 찾아내서 보이는 대로 다 살해했다. 이것은 바로 그녀가 그녀의 자녀들을 죽였다는 것을 의미한다. 그런데 이러한 참변 와중에도 아하시야의 자매인 여호사브앗이 아직 어린 아이인 요아스, 즉 그녀의 조카를 숨겨서 아달랴가 통치하는 6년 동안 그의 생명을 보존케 했다(BC 841~835).

23:1~3 BC 835년에 제사장인 여호야다(여호사브앗의 남편. 22:11)가 난을 일으켰다. 다윗 왕가를 회복하고, 특히 요아스를 왕위에 오르게 하려는 바람으로 여호야다는 여섯 명의 군대 장교들과 계획을 세우고 레위인들과 예루살렘에 사는 유다인들의 지도자들을 소집해서, 그들에게 나이 어린 왕이 공식적인 계약 예식을 거행하는 것을 도우라고 설득했다.

23:4~7 그리고 여호야다는 제사장들과 레위인들을 세 반열로 나누고 그들에게 성전과 왕궁, 기초문(왕하 11:6의 수르 문은 이 기초문의 다른 이름인 것으로 보인다)을 수비하도록 했다. 그리고 백성들의 지도자들은 성전 뜰을 지키도록 했다. 직임을 맡은 제사장들과 레위인들만 성전 안으로 들어가고 나머지 사람들은 밖에 남아서 왕을 보호하도록 했다.

23:8~15 그들은 성전 창고에서 꺼낸 창과 방패를 다 손에 들고 어린 요아스가 나타나기를 기다리고 있었다. 모든 준비가 완료되자 여호야다는 요아스를 데리고 나와 백성들 앞에 서게 하고 그의 머리에 면류관을 씌운 후 의례상 필요 절차로서(참조, 신 17:18~20) 율법을 필사한 것을 요아스에게 주었다. 그리고 요아스에게 기름을 붓고 거기 모인 사람들에게 "왕이여 만세수를 누리소서"라고 외치게 했다.

아달랴가 이 소리를 듣고 성전으로 달려 나와 그 광경을 보았다. 그녀는 자신이 실권한 것을 알고는 비통해 하며 옷을 찢고(참조, 창 37:29, 34; 수 7:6; 욥 1:20; 2:12) "반역이다"라고 외쳤다. 성전 안에서는 살인을 할 수 없었기 때문에 여호야다는 사람들을 시켜 아달랴와 그의 추종자들을 성전 밖으로 끌어내서 아달랴를 왕궁 말문 어귀에서 죽였다.

23:16~21 여호야다는 아달랴를 처단하고 나서 거기에 모인 모든 사람에게 자신과 백성과 왕이 여호와를 의지하겠다는 계약에 서약하도록 했다. 이 서약을 지키기 위해서 그들은 바알의 신전으로 가서 바알의 신전과 제단과 우상들을 부수고 제사장인 맛단을 죽였다(이것은 신명기 13장 5~10절의 율법에 따른 것이다). 여호야다는 다윗이 제정한 대로 합법적인 제사장 직분과 레위인 직분을 회복시키고 그들이 자신들의 직무를 감당하도록 했다. 마지막으로 그는 백성의 지도자들과 모든 사람을 궁전에 모으고 거기서 공식적으로 요아스의 즉위식을 거행했다. 그럼으로써 마침내 유다 왕국은 다시 한 번 평화를 누리게 되었다.

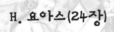

H. 요아스(24장)

1. 요아스의 성전 회복(24:1~16)

24:1~3 요아스는 아하시야의 혈육 가운데 유일한 생존자인데 그는 칠세에 왕위에 올라서 40년 동안 유다를 통치했다(BC 835~796). 요아스는

7년 동안 제사장 여호야다의 섭정을 받았으며 이 기간 동안 요아스는 온전히 여호와께 의롭게 행했다. 여호야다는 요아스에게 두 명의 왕비를 선택해 주었다.

24:4~7 요아스는 자신이 왕위에 오른 지 약 20년이 지나서(참조, 왕하 12:6) 아달랴가 통치하는 동안 더럽혀진 성전을 회복하려는 결심을 했다. 성전을 회복하기 위해서는 막대한 예산이 요구되었기에, 요아스는 모세의 율법에 명시된 대로(참조, 출 30:12~16) 성전세를 걷기 위해 제사장들과 레위인들을 전국 각지로 보냈다. 하지만 수년 동안 성전세는 걷지 않았던 것으로 보인다. 왕의 명령을 받고도 레위인들이 머뭇거리고 있자 요아스는 여호야다를 불러서 성전 보수 작업이 지연되는 것을 책망했다(24:4~6). 성전을 회복하려는 한 가지 이유는 하나님의 집이 파괴되고 성전 기물들이 바알의 제사에 사용되었기 때문이었다.

24:8~16 레위인들을 통해서 성전세를 거두어 들이는 계획을 포기하고, 요아스는 전국에 공문을 발송해서 유다 왕국에 거주하고 있는 모든 사람이 성전세를 바치도록 했다(요아스는 성전문 곁에 궤를 만들어 놓고 거기다 성전세를 넣도록 했다. 8~9절). 왕이 공식적으로 성전세에 대해 공포를 하자 모든 백성이 즉각 호의적인 반응을 보였고 곧 세금 궤가 찼다. 궤가 차면 다시 그것을 비우고 빈 궤를 성전 문 곁에 놓았다(10~11절). 이렇게 해서 모인 돈은 성전 회복 사역에 종사하는 사람들에게 지불되었다(12절). 그들은 성전 회복 사역을 신속하고 주의 깊고 지혜롭게 수행하여 많은 경비를 절약했는데, 이들이 남긴 돈으로 성전 예배에 필요한 기구들과 장식품들을 구비할 수 있었다(13~14절). 하지만 이렇게 성전 회복의 열기

가 높아지고 있는 가운데 여호야다가 세상을 떠났다. 여호야다의 죽음으로 당시 종교개혁의 열정이 식어졌다(15~16절).

2. 요아스의 악행과 그의 암살(24:17~27)

24:17~20 요아스는 여호야다가 세상을 떠난 이후 쉽게 악의 길로 빠져들었다. 요아스는 아첨하는 사람들의 말을 따르고 성전 예배를 타락시키며 여호와께 드리는 예배를 가나안의 풍요제로 대치시켜 버렸다(17~18절 상). 이러한 요아스의 행동으로 결국 여호와의 미움을 사게 되었다. 여호와께서는 선지자들을 보내서 요아스의 악행을 저지하려고 하셨지만 요아스는 자신의 죄를 뉘우치지 않았다(18절하~19). 마침내 하나님께서는 여호야다의 아들인 스가랴를 보내, 백성들에게 그들이 하나님을 버렸기 때문에 하나님께서도 그들을 버리신 것이라고 선포하게 하셨다(20절).

24:21~22 스가랴의 이러한 선포를 들은 군중들은 분노해서 스가랴를 성전 뜰에서 돌로 쳐 죽였다. 요아스조차도 그에게 베푼 여호야다의 은혜를 잊어버리고 스가랴를 살해하는 일에 동참했다. 그런데 신약과 연결시켜서 볼 때 스가랴에 관한 한 가지 문제가 제기된다. 여기서의 스가랴가 예수께서 마태복음 23장 34~35절에서 언급하신 인물이라면, 스가랴는 베레갸의 아들이며 또한 여호야다의 아들(즉, 손자)이 된다(참조, 마태복음 23:35 주해). 하지만 예수께서는 역대하에 나오는 이 스가랴를 말씀하신 것이 아니다. 예수께서 그를 베레갸의 아들로 지칭하신 것으로 미루어 보아 베레갸의 아들 스가랴라는 또 다른 인물이 있음을 알 수 있다. 스가랴는 죽어가면서 요아스 왕에 대한 하나님의 심판을 선포했다.

24:23~27 스가랴의 예언은 사실로 나타났다. 스가랴가 비참히 죽은 뒤 1년이 지나서 (봄에) 아람 군대가 유다를 침공해 와 지도자들을 죽이고 대대적으로 약탈했다(아하시야의 시대에 일어난 유다와 아람의 전쟁에 대해서는 22:5에, 아하스 시대의 전쟁에 대해서는 28:5에 기록되어 있다). 아람 군대는 그 규모가 얼마나 큰지 수를 헤아릴 수 없을 지경이었다. 이 전쟁이 곧 하나님께서 요아스에게 내린 심판이라는 사실을 알 수 있다.

아람 군대가 물러가고 요아스는 부상을 당해서 누워있었는데, 요아스의 신복들이 요아스가 여호야다의 아들인 스가랴를 살해한 일을 이유로 요아스를 죽였다. 그들은 요아스를 죽이는 것이 바로 하나님의 진노를 진정시키는 일이라고 생각했음이 분명하다. 요아스는 죽어서까지 백성들의 존경을 받지 못했는데, 그는 자신의 조상들과 의로운 제사장이었던 여호야다(24:16)가 묻혀 있는 왕의 무덤에 매장되지 못했다(참조, 21:20; 26:23; 28:27). 요아스를 살해한 두 자객의 이름이 열왕기하 12장 21절에 기록되어 있는데 역대기 기자는 이들이 암몬 사람과 모압 사람이었다는 말을 첨가하고 있다. 역대기 기자는 요아스를 죽인 사람들이 이방인이었다고 함으로써, 여호와의 기름부음 받은 자를 죽인 것을 이방인의 행동으로 돌리고 있다. 본문에 언급되는 '열왕기 주석'은 바로 구약성경의 열왕기서를 가리킨다.

I. 아마샤(25장)

25:1~4 요아스의 뒤를 이어서 그의 아들인 아마샤가 왕위에 올랐는데

그는 29년 동안 유다를 다스렸다(BC 796~767년). 역대기 기자는 그를 이렇게 평가하고 있다. "아마샤가 여호와께서 보시기에 정직하게 행하기는 하였으나 온전한 마음으로 행하지 아니하였더라." 아마샤가 왕위에 오르고 나서 행한 첫 번째 공식 행사는 바로 그의 부친을 살해한 사람들을 처형하는 일이었다(참조, 24:25~26). 하지만 아마샤의 마음이 하나님을 향했기 때문에 그는 아버지의 죄로 자녀들을 처벌하지 말라는 모세의 법을 따라서(참조, 신 24:16) 요아스를 살해한 자들만 처형하고 그 자녀들은 살려주었다.

25:5~10 아마샤는 군사적인 업무에 관심을 갖고 있었는데 이것은 그가 300,000명의 군인들을 징집했다는 사실에서 분명하게 나타난다. 그는 은 100달란트(약 3.75톤. 참조, NIV 난외주)로 이스라엘 용사 100,000명을 고용했다. 하지만 이러한 아마샤의 행동은 명확히 하나님의 뜻을 거스르는 것이었으며 그래서 (이름이 밝혀지지 않은)하나님의 사람이 왕에게 하나님께서 이스라엘과 함께하시지 않는다는 사실을 상기시키며 경고했다. 아마샤는 이 하나님의 사람이 하는 말이 옳다는 것을 확신하면서도 이미 그가 지불한 은을 어떻게 돌려받아야 할지 고민하고 있었다. 이러한 고민을 하고 있는 아마샤에게 그 예언자는 아마샤가 이스라엘과 관계를 끊으면 아마샤가 지불한 것 이상의 은을 주실 것이라고 말했다. 이 말을 들은 아마샤는 이스라엘 용병들을 돌려보냈는데, 아마샤의 이러한 조치에 용병들은 심히 노했지만 결국 자기들의 고향으로 돌아갔다. 이들 이스라엘 용병들은 전쟁에 나가서 전리품을 탈취하려는 생각을 갖고 있었던 것으로 보인다.

25:11~16 이러한 일들이 있고 나서 유다인들은 세일 사람들(에돔인들. 참조, 창 36:9; 대하 20:2; 20:22)과 접전하기 위해서 소금 골짜기로 진군했다(소금 골짜기는 사해의 남쪽에 있는 소금 평지를 가리키는 것으로 보인다). 유다인들은 이 전투에서 에돔인 10,000명을 죽였다(소금 골짜기에서 벌어진 전투들에 대해서는 창 14:3; 대상 18:12을 보라). 유다인들은 평소에 보이지 않던 야만성으로 10,000명을 포로로 잡아 이들을 절벽 위에서 밀쳐서 죽였다(그 지역에 높은 절벽이 있었다. 참조, 옵 1:3).

유다인들이 세일에서 승리에 취해 있는 동안 해고된 이스라엘 용병들(참조, 25:6, 10)이 유다 지역을 습격해서(벧호론에 대해서는 8:5의 주해를 보라) 3,000명을 죽이고 많은 물건을 탈취했다.

아마샤는 에돔과의 전투에서 승리하고 돌아오면서 전리품 가운데 에돔의 우상을 가지고 왔다. 아마샤는 그 우상들을 세우고 그들에게 예배 드렸는데 이것은 불경스러운 일로서 여호와께서는 선지자(역시 이름을 알 수 없는 선지자. 참조, 25:7)를 보내어 아마샤를 책망하셨다. 하나님의 사람은 이렇게 문책했다. "저 백성의 신들이 그들의 백성을 왕의 손에서 능히 구원하지 못하였거늘 왕은 어찌하여 그 신들에게 구하나이까." 이 말을 듣던 아마샤는 선지자의 말을 중간에서 제지하고 그를 죽이겠다고 위협했다. 그 선지자는 아마샤가 우상을 숭배하고 자신을 통해서 하시는 하나님의 말씀을 거부했기 때문에 하나님의 심판을 겪게 될 것이라는 말을 남기고 떠났다.

25:17~19 무명의 선지자가 떠나고 난 후 아마샤는 자신이 출정한 동안 유다의 변경을 침공했던 이스라엘 용병들의 문제를 들어서 이스라엘의 왕인 요아스(예후의 손자)에게 선전포고를 했다. 이에 요아스는 우화 형식

으로 답장을 했다. 요아스가 한 우화의 내용은 다음과 같다. 즉, 가시나무(아마샤)가 백향목(요아스)에게 서로 사돈을 맺을 것을 제의했다는 것이다. 백향목의 아들을 가시나무의 딸과 결혼시키자는 것이었다. 그런데 지나가던 들짐승(이스라엘 군대)이 그 소리를 듣고 가시나무를 밟아 버렸다. 그래서 가시나무는 자신을 알지 못하고 위선을 떤 대가를 받았다. 요아스는 자신의 이러한 우화를 통해서 아마샤가 소수의 에돔인들과 싸워서 이겼기 때문에 아마샤를 한낱 가시덤불로 비유하고 자신은 백향목과 같은 튼튼한 나무에 비유했다. 요아스는 이러한 비유를 통해서 아마샤가 이러한 사실을 더 잘 인지하여 전투를 그만두어야 한다고 주장했다.

25:20~24 하지만 아마샤는 요아스의 이러한 호전적인 거절에 대해서 조금도 반응을 보이지 않았다. 이것은 하나님께서 아마샤의 우상 숭배를 벌하시기 위한 채찍으로 요아스를 사용하려고 작정하셨기 때문이다. 그래서 이스라엘 군대는 유다를 공격해서 승리를 거두고 아마샤를 잡아서 벧세메스(예루살렘에서 남서쪽으로 24킬로미터가량 떨어진 곳에 위치해 있다)까지 끌고 왔다. 이스라엘 군대는 패전한 아마샤를 예루살렘으로 데리고 와서, 예루살렘 성벽을 북쪽 에브라임 문(참조, 느 8:16; 12:39)에서 북서쪽에 있는 성 모퉁이 문(참조, 렘 31:38; 슥 14:10; 느헤미야 2장의 '느헤미야 시대의 예루살렘' 지도)까지 183미터 정도를 헐었다. 그리고 오벧에돔(대상 26:4~8)의 가문이 간수하고 있던 모든 성전 기물들과 성전 보물들을 탈취하고 수감자들을 풀어서 모두 사마리아로 데리고 갔다.

25:25~28 아마샤는 요아스보다 15년을 더 살았다. 아마샤는 유다 백성들에게 존경을 받지 못했다. 백성들의 압박에 아마샤는 (예루살렘에서 남

서쪽으로 48킬로미터쯤 떨어진)라기스로 피신할 수밖에 없었다. 하지만 라기스에서도 그는 안전하지 못했다. 결국 암살자들이 아마샤를 찾아내어 죽였고, 그 시체를 예루살렘으로 실어왔다. 아마샤는 그의 부친인 요아스와 마찬가지로 살해를 당한 것이다(참조, 24:25~26).

J. 웃시야(26장)

26:1 아마샤는 자기 사후에 누구에게 왕위를 물려주어야 할지 결정하지 못하고 세상을 떠났다. 그의 돌연한 암살 이후 백성들은 아마샤의 아들인 웃시야(열왕기하 14장 21절에는 아사랴로 되어 있는데 이것은 웃시야의 또 다른 이름이다)를 왕위에 세웠다. 웃시야는 16세부터 통치를 시작했는데 52년 동안 유다를 다스렸다(참조, 26:3. BC 790~739년). 그런데 여기서 심각한 연대기적인 문제가 제기된다. 아마샤는 BC 796년에서 767년까지 유다를 다스렸는데 이렇게 보면 웃시야는 그의 부친인 아마샤와 더불어 23년 동안 함께 유다를 다스린 것이 된다. 역대기 기자(그리고 열왕기서의 기자)는 웃시야가 아마샤의 뒤를 이어서 왕위에 올랐다고 기록하고 있으며 그때의 웃시야의 나이가 16세였다고 밝히고 있다. 여기서 생겨나는 23년의 공동재위는 어떻게 해석할 것인가?

이 두 왕의 연대기적인 자료는 너무 복잡해서 쉽게 설명하기가 어렵다(이 문제에 대한 더 깊은 연구를 위해서 Edwin R. Thiele, *The Mysterious Numbers of the Hebrew Kings*. Rev. ed. Grand Rapids: Wm. B. Eerdmans Publishing Co., 1983, pp. 113~123을 보라). 아마샤와 웃시야의 통치 연대에서 발생되는 23년의 공동재위는 앞에서 언급된 자료들에 의해서 약간은 설명될 수 있다. 가장 그럴듯한 설명은 아마샤가 통치하던 당시에는 정국이 불안하고 아마샤가 정권을 장악할 수 없었기 때문에, 아마샤는 그의 아들인 웃시야를 부섭정으로 임명했다는 것이다. 그리고 다음과 같은 설명이 또 가능하다. 아마샤가 6년 동안 통치하고 나서(BC 796~790년) 당시 16세가 된 웃시야(BC 790)를 차기 왕으로 임명하고 그때부터 아마샤가 사망한 BC 767년까지 23년 동안(790~767년) 함께 통치했다는 것이다. 그리고 웃시야는 아마샤가 사망하고 나서 29년 동안 혼자서 유다를 통치했다고 보는 것이 타당한 설명이다.

물론 이러한 설명이 타당성을 인정받기 위해서는 역대기 기자가 기록한 구절이 웃시야가 16세 되던 때에 유다 백성들이 웃시야를 부섭정으로 삼았다는 의미로 기록한 것이라는 사실이 전제되어야 한다(26:1). 이러한 본문의 재구성을 뒷받침해주는 것은 웃시야가 스가랴로부터 종교적인 지도를 받았다는 사실이다(5절). 하지만 스가랴는 아마샤의 부친인 요아스가 사망(BC 796년)하기 전에 이미 몇몇 유다인들에 의해서 돌에 맞아 죽었다(24:21~22). 그때 웃시야는 이미 교육을 받을 나이가 되었다(BC 796년에 웃시야의 나이는 10세였다). 웃시야는 BC 767년부터 독자적인 통치를 시작했다. 그리고 역사가들도 이 시기부터의 웃시야의 행적에 관심을 기울인다.

26:2 웃시야는 에돔으로부터 엘롯 지역을 탈환하고 그 지역을 재건했다(엘롯의 위치에 대해서는 8:17의 주해를 보라). 에돔은 웃시야의 증조부인 여호람의 재위 시 유다에 반역하여 독립했는데 이때부터 엘롯 지역을 소유하고 있었다(21:8~10). 웃시야의 손자인 아하스의 재위 말년에 에돔은 엘롯을 유다에서 다시 탈취해갔다(왕하 16:6).

26:3~8 하나님께서는 웃시야의 선함을 보시고 그의 길을 형통하게 해 주셨다. 전쟁에서 승리하게 해주시고 영토를 확장해 주셨다. 웃시야는 블레셋 지역인 가드와 야브네, 아스돗을 파괴하고 그 지역에 다른 도시를 세웠다. 웃시야는 블레셋 지역뿐만 아니라 구르바알(정확한 위치는 모른다)에 거주하고 있는 아라비아 사람들과 마온 사람들을 쳤다(참조, 대상 4:41). 웃시야는 암몬 사람들까지도 복속시켜서 그들은 웃시야의 명성에 복종하고(참조, 26:15) 조공을 바쳤으며, 웃시야는 애굽의 국경까지 영토를 확장하게 되었다.

26:9~15 대내적으로 웃시야는 요아스가 파괴한 성벽들(참조, 25:23)을 포함해서 예루살렘의 성벽들과 망대와 요새들을 재건했다(참조, 성 모퉁이 문에 대해서는 25:23 주해; 예루살렘의 서편 성벽에 있는 골짜기 문에 대해서는 느 2:13, 15; 3:13; 성굽이 망대에 대해서는 느 3:19~20, 24~25). 웃시야는 평야와 평지뿐만 아니라 광야를 개간하는 대대적인 농경 사업을 벌였다. 웃시야는 307,500명의 정예 군사를 훈련시켜서(이 숫자는 25:5의 아마샤의 군대와 비슷한 숫자이다) 이들을 2,600명의 족장들 휘하에 두었다. 웃시야는 여러 가지 새로운 병기들을 많이 발명했는데, 화살을 막는 방패와 커다란 돌을 먼 거리까지 날려 보낼 수 있는 무기들을 만들었다. 이러한 여러 가지 업적들은 웃시야의 명성을 드높이고(참조, 26:8) 그의 세력을 강성하게 했다.

26:16~20 하지만 웃시야가 받은 이러한 축복이 오히려 그를 자만하게 만들고 그를 시험에 빠뜨렸다(참조, 잠 16:18; 18:12). 웃시야는 하나님을 의지하지 않고 사람과 병기들을 의지하기 시작했다. 그는 스스로 자신을

높였다. 웃시야는 대제사장 아사랴와 80명의 제사장들이 질책하는데도 불구하고 제사장만이 할 수 있는 여호와께 분향하는 일을 자신이 직접 하려고까지 했다. 분향하는 일은 제사장들에게만 국한된 직권으로서(출 30:7~8) 웃시야의 그러한 행동은 율법을 범하는 것이었다(26:16~18). 웃 시야는 제사장들이 자신을 질책하자 그들에게 화를 냈는데 제사장들의 말대로 그는 하나님의 진노를 입었다. 그의 이마에 문둥병이 발병했던 것 이다. 왕의 이마에 문둥병이 생김으로써 왕은 예식적으로 부정하게 되었 기에 제사장들은 왕을 성전에서 축출했다(26:19~20. 참조, 레 13장).

26:21~23 웃시야는 죽을 때까지 문둥병을 고치지 못했기에 두문불출 하고 왕위를 그의 아들인 요담에게 넘겼다. 웃시야는 죽는 순간까지도 자 신의 모습을 밖으로 드러내지 못했는데 이것은 그의 문둥병 때문이었다. 그는 자신의 선조들의 무덤 근처에 묻혔지만 그들과 함께 장사되지는 못 했다(참조, 21:20; 24:25; 28:27). 웃시야에 대한 다른 사항들은 선지자 이 사야의 글에 실려 있다고 역대기 기자는 말한다(참조, 사 1:1; 6:1).

K. 요담(27장)

27:1 웃시야의 아들인 요담은 BC 750년에 유다를 통치하기 시작했다. 그 래서 그의 통치 연대는 웃시야의 통치 연대와 비교해 볼 때 11년이 중복된 다(웃시야는 BC 739년에 사망했다). 이러한 연대적인 차이는 웃시야가 그 의 말년에 제대로 국사를 돌볼 수 없었다는 점으로 설명된다(26:21). 그리

고 요담 역시 그의 아들과 4년 동안 같이 통치했다(BC 735~731년). 그래서 요담의 재위 기간을 16년(참조, 27:8)으로 말할 때는 중복 기간을 포함시키지 않은 기간이다. 그리고 요담이 공식적인 왕으로서 통치한 연수가 바로 BC 750~735년까지의 16년이다.

27:2~4 요담의 행적은 전혀 흠잡을 데가 없지만(참조, 6절) 그 당시 백성들은 여전히 하나님께 불경스러웠다(참조, 왕하 15:35). 요담은 재건 계획을 세웠는데 성전 윗문(참조, 23:20, 바깥뜰의 북쪽 지역)을 보수하고 예루살렘의 옛 성을 둘러싸고 있는 오벨 성을 재건하기로 했다(참조, 33:14). 그리고 요담은 웃시야가 세워놓은 계획에 따라 언덕과 삼림 지역 사업을 재개했다.

27:5~9 암몬 사람들이 조공을 바치는 데 게을리하자, 요담은 그들을 불러서 조공을 바치지 않으면 에돔을 정복하겠다고 위협했다. 요담은 그들에게 은 100달란트(3.75톤)와 밀 10,000고르(62,000부셸), 보리 10,000고르를 바칠 것을 명령했다. 그래서 암몬 사람들은 요담이 요구하는 대로 3년 동안 조공을 바쳤는데 4년째 되던 해부터 조공이 감소되었다. 요담의 여러 가지 업적들에 대해서는 이스라엘과 유다 열왕기에 기록되어 있다. 그리고 그 기록들 가운데 일부가 열왕기서에 보존되어 있다(참조, 왕하 15:32~38).

L. 아하스(28장)

28:1~4 아하스는 요담과 4년 동안 같이 통치했다(참조, 27:1 주해). 그래서 역사가들이 지적하는 바와 같이 아하스는 BC 731년에서 715년까지 16년 동안을 혼자서 유다를 통치했다. 아하스는 그의 선조인 다윗과는 달리 하나님 보시기에 악했으며 이스라엘의 왕들(북왕국의 왕들이며 이들은 모두 하나님 보시기에 악한 일들을 행했다)을 따라서 범죄했다. 그는 바알의 우상들을 만들었으며 힌놈의 아들 골짜기에서 제사들 드렸는데(참조, 33:6) 사람들을 제물로 바쳤다(심지어는 그의 아들까지 제물로 바쳤다). 그리고 산당에서 가나안의 제의(참조, 14:3 주해)를 행했다(그의 기타 죄들에 대한 언급이 28:19, 22~25에 기록되어 있다). 사람들을 제물로 바치는 것은 특히 암몬의 신 몰렉과 관계가 있으며 율법에서는 극렬하게 거부하는 제사 제도이다(참조, 레 18:21; 20:2~5; 신 12:31). 이 희생 제사는 힌놈의 골짜기라는 정해진 곳에서 드렸는데, 힌놈의 골짜기는 예루살렘에서 남서쪽에 위치하고 있으며 후에는 게헨나('게'는 골짜기, '헨나'는 힌놈에서 온 말이다)로 알려진 곳이다. 거기서 제물로 바쳐지는 사람을 태우고 쓰레기들을 태우는 불 때문에 게헨나는 지옥을 가리키는 말이 되었다(참조, 마태복음 5:22 주해).

28:5~8 아하스가 하나님을 거역하며 저지른 가증스런 죄악들 때문에 하나님께서는 그를 아람인의 손에 맡기셨다(아하스를 친 아람 왕은 르신이었다. 왕하 16:5). 아람 왕 르신은 많은 유다인들을 포로로 잡아서 다

메섹으로 끌고 갔다. 이 전쟁은 아람과 유다가 벌인 세 번째 전쟁이었다(참조, 22:5; 24:23). 아하스는 또한 베가가 거느린 이스라엘의 군대와 싸워서 패배했는데 베가의 군대는 하루에 120,000명의 유다 군사를 죽였다. 이 가운데는 왕의 친족들과 신복들도 포함되어 있었다. 이스라엘은 200,000명의 부녀자들과 아이들을 사마리아로 끌고 갔다.

28:9~15 열왕기하 16장 5절에 기록한 대로 아하스는 두 번의 패배를 당했지만 완전히 쓰러지지는 않았다. 하지만 그는 이 두 번의 패배로 인해서 상당한 손실을 보았다. 이러한 상황 가운데 오뎃이라는 사마리아의 예언자가 이스라엘의 지도자들에게 하나님께서는 이스라엘 군대가 유다인 포로들을 노예로 만드는 것을 기뻐하시지 않는다고 설득했다. 그래서 이스라엘 지도자들(그들 가운데 4명의 이름이 역대하 28장 12절에 기록되어 있다)은 귀환하는 병사들에게 유다인 포로들을 사마리아로 데리고 오지 말도록 했다. 그래서 이스라엘 지도자들은 포로들에게 음식과 옷을 제공하고 포로들을 여리고로 보내서 거기서 유다로 귀환시켰다. 우리는 이러한 일들을 통해서 아이러니한 모습을 보게 된다. 유다는 하나님의 말씀을 듣지 않았지만 이스라엘은 하나님의 말씀을 들었던 것이다.

28:16~18 이스라엘은 유다인 포로들을 돌려보내고 유다와 평화로운 관계를 맺고자 했지만, 아하스는 여기에 만족하지 못하고 앗수르의 왕 디글랏 빌레셀 3세(BC 745~727년)와 조약을 맺었다. 이사야는 아하스가 앗수르와 조약을 맺지 않도록 노력했지만 결국 그의 노력은 수포로 돌아가고 말았다(참조, 사 7:4~9). 아하스는 앗수르와 조약을 맺는 것이 필요하다고 생각을 했는데, 당시 동쪽에서는 에돔이 압박해오고 있었고(참조,

26:2 주해) 서쪽(평지)과 남쪽(네게브, 유다의 남쪽 광야)에서는 블레셋이 침공해오는 상황이었기 때문이다. 물론 이러한 상황에 덧붙여 아람과 이스라엘의 위협도 계속되었다(참조, 28:5~8). 이것은 열왕기하 16장 5~9절과 이사야 7장 1~17절에 언급된 당시대의 배경이다.

28:19~27 하지만 디글랏 빌레셀은 아하스가 생각한 대로 유다에게 도움이 되지 않았다. 축복이 되기보다는 오히려 저주가 되었다. 아하스가 성전과 궁전에서 많은 물건들을 취해서 그것으로 디글랏 빌레셀에게 뇌물로 주었지만 앗수르는 유다에 아무런 도움도 주지 않았다. 열왕기서의 기자는 디글랏 빌레셀이 아하스의 말을 듣고 출전해서 당시 아람의 수도인 다메섹을 공략했다고 기록하고 있다(왕하 16:9). 이것은 역대기 기자의 기록과는 다르다. 하지만 내용을 자세히 살펴보면 이 두 기록은 상충되지 않는다. 역대기 기자는 군사적인 패배보다는 정신적이고 영적인 패배를 언급하고 있다. 아하스가 앗수르와 조약을 맺음으로써 결국 유다는 커다란 재난을 맞게 되었다. 아하스는 아람의 신들을 들여와서 그들을 섬겼다. 아하스는 아람이 유다를 쳐서 승리했기 때문에 아람인들을 회유하기 위해서 그들의 신들을 유다로 들여왔다(28:5).

아람이 유다를 쳐서 승리하자 아하스는 아람의 신들이 이스라엘의 하나님 여호와보다 우월하다고 생각하게 되었다. 아하스는 아람인들(그리고 그들의 신들)이 앗수르에게 패한 사실을 전혀 깨닫지 못했다. 아하스의 생각대로라면 앗수르가 아람을 쳐서 승리했기 때문에 앗수르의 신들이 아람의 신들보다 우월하지 않은가? 아람의 신들을 섬기는 아하스가 앗수르의 신들을 섬기지 않는 것이 오히려 이상하다. 어쨌든 아하스는 여호와를 버리고 성전을 폐기하고 더럽혔다. 아하스는 여호와의 전에 이방의 우상들을 세우고 이곳을 예루살렘과 전 유다의 우상 숭배의 중심지로 삼았다(참조, 2~4절). 역대기 기자는 이 악한 왕에 대한 최후의 판결로 다음과 같이 기록하고 있다. "아하스가 그의 조상들과 함께 누우매 이스라엘 왕들의 묘실에 들이지 아니하고 예루살렘 성에 장사하였더라"(참조, 21:20; 24:25; 26:23). 역대기 기자는 유다가 어려움을 당한 이유가 아하스와 유다가 저지른 죄에 대해서 하나님께서 진노하시고 심판하셨기 때문 (28:9, 19, 25절하)이라고 반복하고 있다.

M. 히스기야(29~32장)

1. 성전을 청결케 함(29장)

29:1~9 히스기야는 29년 동안(BC 715~686년) 혼자서 유다를 다스렸는데, 그의 부친인 아하스와는 함께 14년 동안(BC 729~715년) 백성을 다스렸다. 역대하에는 BC 715년 이후의 그의 생애가 언급되어 있다. 북왕국 이스라엘은 BC 722년에 이미 앗수르에 멸망했다. 그리고 이스라엘 백성들 가운데 많은 사람들이 포로로 끌려갔다(참조, 왕하 17:1~6).

히스기야는 유다의 위대한 왕들 가운데 한 사람이다(왕하 18:5). 히스기야는 자신이 직접 유다를 통치하게 된(BC 715년) 첫 달에 성전 문을 열고 하나님의 전을 수리하도록 했다. 그의 악한 부친인 아하스가 성전문을 닫아놓았는데(28:24) 이제 그 아들이 성전을 열고 보수 작업을 시작하게 된 것이다. 히스기야는 제사장들과 레위인들을 성전 앞(동쪽)에 모으고 성전 문을 청결하게 하기 위해서 먼저 그들 자신들을 성결하게 하도록 명령했다. 성전은 히스기야 이전의 왕들 특히 아하스 시대에 최악의 상태에 이르렀다. 왕들이 성전을 더럽히자 하나님께서는 진노하셔서(참조, 28:9, 25) 유다 왕국에 심판을 내리셨다. 그래서 유다 백성들 가운데 많은 사람들이 아람과 이스라엘, 에돔에 포로로 끌려갔다(참조, 28:5~8, 17).

29:10~14 히스기야는 이제 모세가 하나님과 맺은 고대의 계약들을 새롭게 함으로써 하나님께서 다시 유다 왕국을 축복하시도록 하고자 했다. 이러한 히스기야의 계약에 레위인들이 동의를 했고 그들은 각각 자기들에게 맡겨진 일들을 시행했다. 게르손 자손과 므라리 자손은 수가 많지 않지만(12절) 그핫 자손은 수가 많아서 엘리사반 자손(13절; 대상 15:8)과 헤만 자손(29:14. 참조, 대상 15:17)으로 다시 나뉘었다. 아삽은 게르손의 자손이고, 여두둔은 므라리 자손이었다(29:13~14). 레위인 자손은 모두 14계열이었는데, 그 가운데 6계열은 고핫 자손들이고 4계열은 각각 게르손과 므라리 자손이었다.

29:15~19 그들은 자신들의 동료들과 더불어서 성전을 더럽혔던 모든 물건들을 기드론 시내로 옮겼다(참조, 15:16; 30:14). 히스기야는 이러한 일들을 통해서 신명기 12장 2~4절에 언급된 하나님의 말씀대로 따랐다. 히스기야의 명을 받아서 레위인들은 8일 동안 성전 외부를 청결하게 하고 또 8일 동안 성전 내부를 청결하게 만들었다. 레위인들이 성전을 청결하게 하는 일을 마치자 그들은 자신들이 성전과 성전 내부의 모든 것들을 성결하게 했을 뿐만 아니라, 아하스가 그의 이방 예배에 사용하기 위해서 들여온 모든 것들을 다 내어 버렸다고 보고했다(29:18~19. 참조, 28:24).

29:20~30 그 다음날 히스기야는 백성들에게 대제사 축제를 벌이게 해서(여기서 속죄제의 제물로 28마리의 가축을 바쳤다. 참조, 레 4:1~5:13) 백성들이 그들의 죄를 대속받도록 했다(29:20~24). 연주하는 사람들은 정해진 자리에서 악기를 가지고 연주하고 찬양을 하면서 번제를 포함한 (참조, 레 1장) 제사를 드렸다(29:25~28). 레위인들은 제금과 수금과 비파를 켰는데 이것은 다윗이 예루살렘에 법궤를 들여올 때 제정한 법도에 따른 것이었다(참조, 대상 15:16, 19; 16:4~5). 왜 선지자 갓과 나단이 여기에 언급되어 있는지 그 이유가 명확하지 않다. 제사장들 역시 솔로몬이 법궤를 성전에 들여올 때 행했던 것처럼 나팔을 불었다(5:12~13). 그리고 난 후 히스기야 왕과 백성들은 다윗과 아삽의 시편을 부르고 있는 동안 자신들을 하나님 앞에 내어놓고 자복했다(29:29~30).

29:31~36 왕국과 성전, 유다의 모든 계약 공동체를 위해서 제사들 드리고 나서(21절) 히스기야는 이제 유다 백성들이 각각 제사에 참여하도록 기회를 주었다. 백성들은 수소 70마리, 숫양 100마리, 어린양 200마리를 가져와서 번제로 드렸다(32절). 백성들 또한 600마리의 수소와 3,000마리의 양(33절)을 번제와 감사제의 제물로 드렸다(31절). 이러힌 감사 제사는 레위기 3장과 7장 11~21절에서는 화목 제사라고 칭하고 있다. 이 번제와 감사 제사는 전체 국가를 대신해서 드리는 것뿐만 아니라 개인적인 경건의 표현이기도 했다. 전제는 매일 드리는 번제의 일부분으로 드려졌다(출 29:38~41). 제사장들의 수가 부족해서 레위인들이 짐승들을 죽이는 일을 도왔다. 이처럼 히스기야는 그가 공식적으로 왕위에 오른 첫 번째 달에 바른 성전 예배 제도를 세우고 그것을 실행함으로써 전 유다 백성에게 큰 기쁨을 주었다(29:35절하~36절).

2. 히스기야의 대유월절(30:1~31:1)

30:1~5 히스기야는 전 이스라엘과 유다, 그리고 심지어는 에브라임과 므낫세 지파에게도 초청장을 보내서 자신이 이제 개최하려고 하는 유월절 행사에 참여해 줄 것을 요청했다. 우리는 이 히스기야의 초청에서 에브라임과 므낫세 지파의 사람들이 모두 앗수르에 끌려가지 않고 남아 있는 사람도 있었음을 알 수 있다. 이 유월절 축제는 보통 종교력의 첫 달에 행해졌다(참조, 출 12:1~2). 하지만 히스기야는 제사장들도 충분하지 않을 뿐만 아니라 시일이 촉박해서 먼 거리에 있는 사람들이 참여할 여유가 없었기 때문에 불가피하게 둘째 달, 즉 4~5월에 유월절을 거행했다(참조, 민 9:10~11).

유월절을 지키려는 계획을 모든 사람이 좋게 받아들여서 히스기야는 브엘세바에서 단(브엘세바는 당시 유다와 이스라엘의 남단이었으며 단은 북단이었다)까지 유월절 공고문을 발송하고 많은 사람들이 참여할 것을 촉구했다(참조, 30:13).

30:6~14 히스기야의 선포(6~9절)는 앗수르의 포로 생활을 면한 이스라엘 사람들에게 그들의 죄를 뉘우치고 하나님께로 돌아와 하나님께 복종하고 그를 섬겨야 한다는 내용을 담고 있었다. 그들은 예루살렘 성전에 모여서 유월절 예식을 행하면서 그들의 죄를 진정으로 뉘우치는 모습을 보여주어야 했다. 유월절은 이스라엘의 모든 성인 남자들이 예루살렘에 모여서 드리는 세 번의 연례적인 축제 가운데 하나였다(신 16:16). 유월절을 기념하기 위해 모여서 그들은 하나님의 용서를 받고, 또한 포로로 붙잡혀간 그들의 사랑하는 사람들이 돌아오기를 기다렸다. 그들의 회개를 통

해서 하나님께서 맹렬한 진노를 거두시리라고 확신했다. 그들은 하나님께서 자비롭고 사랑이 많으시다고 믿었다.

히스기야가 전국에 보낸 메시지는 아셀과 므낫세, 스불론(30:10~11), 에브라임과 잇사갈(18절) 등에서는 거절되었다. 하지만 이 지역들에서도 몇몇 사람들이 유월절 행사에 참여했다. 물론 유다 백성들은 동일한 목적과 열심을 갖고(12절) 무교절을 기념하기 위해서(13절) 모여들었다. 무교절은 유월절에 이어서 칠일 동안 베푸는 축제였다(참조, 출 12:11~20; 레 23:4~8; 마가복음 14:1절상 주해). 예루살렘에 모인 백성들은 자신들이 지금까지 섬겨온 이방 신들의 제단을 헐고(30:14) 그것들을 기드론 시내에 버림으로써(참조, 15:16; 29:16) 하나님께 대한 헌신을 표했다.

30:15~20 제사장들과 레위인들이 백성들의 열심을 보고 자신들의 모습이 부끄러워져서 신속히 자신들을 (번제로서)성결하게 하고 유월절 예식을 준비했다(15~16절). 평소대로 일반 백성들은 유월절 양으로 제사를 드렸다(참조, 출 12:3). 하지만 많은 이스라엘 백성들, 특히 북왕국 백성들이 이방 종교에 빠져서 배교했기 때문에 그들은 예식적으로 불결해서 자신들의 유월절 양을 죽일 수가 없었다. 그들은 자신들이 불결해서 제의적으로 자격이 없음에도 불구하고(30:17~18절상) 유월절 음식을 먹었다. 히스기야는 이 사실을 알고 하나님께서 예식의 형식을 보지 마시고, 백성들의 마음의 정성과 신실한 의도를 보시사 그들의 잘못대로 벌하지 마시고 용서해 달라고 기도했다(18절하~19절). 하나님의 자비로우심의 정수가 히스기야의 기도에 대한 하나님의 응답에서 나타났다(20절).

30:21~27 유월절에 바로 이어서 칠일 동안 지키는 무교절 동안 백성들

은 즐거움으로 하나님을 찬양했다. 레위인들은 신실한 마음으로 그들의 직분을 수행했는데(그들은 노래로 하나님을 찬양하고 제물 가운데서 정해진 부분을 먹고 화목 제사를 드렸다. 참조, 레 3장; 7:11~21). 히스기야가 레위인들에게 그렇게 하도록 권고했다. 사실 모든 백성이 얼마나 하나님을 찬양하고 기쁨으로 헌신했는지 무교절을 칠일 더 지키기로 결정하고 그렇게 시행할 정도였다.

이러한 백성들의 모습이 히스기야와 그의 신복들의 마음을 감동시켰다. 그래서 히스기야는 자비로 수송아지 1,000마리와 양 7,000마리를 백성들에게 주었고, 방백들은 수송아지 1,000마리와 양 10,000마리를 제사로 드리도록 했다. 역대기 기자는 솔로몬의 시대 이래로 유월절이 이렇게 성대하게 지켜지기는 처음이라고 기록하고 있다. 하나님께서는 백성들의 찬양을 하나님께서 거하시는 곳인 하늘에서 들으시고(참조, 6:21, 30, 33, 39; 시 11:4; 합 2:20) 그들의 넘치는 감사와 성결을 축복하셨다.

31:1 그들은 15일 동안의 대축제를 마치고 나서 제사에 합당한 행동을 취했다. 이스라엘 백성들(그리고 유다인들)은 유다와 베냐민 전역에 잔존해 있는 모든 바알의 신전을 파괴했다(참조, 14:3 주해). 그리고 나서 그들은 에브라임과 므낫세 지역에서도 그렇게 하고 그들의 집으로 각기 돌아갔다.

3. 바른 예배의 재건(31:2~21)

31:2~4 율법이 요구하고 지시하는 바에 따라서 히스기야는 바른 성전 예배 제도를 재건하는 데 힘을 기울였다. 그는 제사장들과 레위인들의 직

무에 대해서 가르치고(2절) 그들을 24반열에 따라서 구분했다(대상 24장). 히스기야는 짐승들을 제물로 매일, 주마다, 달마다, 그리고 매년마다 번제를 드렸다(31:3. 참조, 민 28~29장; 대상 23:30~31). 그리고 히스기야는 백성들에게 제사장들과 레위인들을 잘 돕도록 가르쳤다(31:4).

31:5~13 예루살렘과 그 주변 마을과 도시들에 거주하고 있는 사람들이 자신들의 들 곡식과 가축과 다른 모든 물건들(31:5~6)의 첫 결실(참조, 출 23:19절상; 민 18:12)과 십일조(참조, 레 27:30~33; 민 18:21~24)를 드림으로써 히스기야의 말에 따랐다. 넉 달 동안 그들은 계속해서 성물을 성전으로 가져왔다(7절). 셋째 달은 5~6월인데 이때는 추수가 시작되는 시기이며 일곱째 달은 9~10월이며 포도와 과일을 추수하는 시기이다(출애굽기 12장에 있는 '이스라엘의 달력' 도표를 보라).

백성들이 얼마나 성물을 많이 바쳤는지 그것이 쌓여서 커다란 더미를 이루었다(31:8). 대제사장 아사랴는 히스기야가 본 그 곡식 더미가 제사장들과 레위인들이 필요로 하는 것보다 훨씬 많다고 말했다. 그래서 왕은 남은 것들을 성전의 곳간에 들여서 비축하도록 명령했다(9~11절). 고나냐는 그의 아우인 시므이와 함께 그 물건들을 관리하는 책임을 맡고 그 일을 담당한 열 명의 감독들을 다스리며 이 모든 성물의 수입과 지출을 관리하는 임무를 맡았다(12~13절).

31:14~21 하나님께 낙헌제(자발적으로 하나님께 예물을 드리는 제사. 참조, 레 7:11~21)로 드려진 성물들을 관리하는 일은 고레에게 맡겨졌다. 그는 여섯 명의 부하들을 데리고 그 일을 관장했다. 고레는 모인 성물들

을 예루살렘 이외의 13개 지역에 거주하고 있는 제사장들에게 분배하는 일을 했다(31:14~15. 참조, 수 21:13~19). 제사장들뿐만 아니라 세 살 이상된 제사장들의 남자 아이들도 낙헌제를 분배 받았는데, 비록 그들이 나이가 어리긴 하지만 앞으로 제사장이 될 것이기 때문이었다(31:16). 이들과는 달리 레위인들은 20세가 되어야만 성물을 분배받을 수 있었다(참조, 대상 23:24). 제사장들보다는 레위인의 수가 더 많았다. 제사장과 레위인의 가족들 역시 동일하게 보조를 받았다(31:17~18). 모세의 율법에 성직자들이 가족들과 자신의 생계를 위해서 세속적인 일에 종사하지 말도록 가르치고 있기 때문에 제사장들과 레위인들과 그들의 가족들의 생계는 낙헌 제물로 보조했다(참조, 민 18:21~24). 이렇게 해서 예루살렘 이외의 지역들과 지정된 제사장 성에 거주하는 모든 제사장들과 레위인들이 궁핍한 생활을 하지 않게 되었다(31:19). 역대기 기자는 이러한 모든 일에 있어서 히스기야가 "그의 하나님 여호와 보시기에 선과 정의와 진실함으로 행하였으니 그가 행하는 모든 일 곧 하나님의 전에 수종드는 일에나 율법에나 계명에나 그의 하나님을 찾고 한 마음으로('한 마음으로', 역대기 기자는 이 말을 여섯 번 사용하고 있다. 대상 29:9; 대하 6:14; 15:15; 19:9; 25:2; 31:21) 행하여 형통하였더라"고 기록하고 있다(31:20~21).

4. 산헤립의 침공(32:1~23)

32:1~8 히스기야는 공식적으로 유다의 왕에 즉위한 이후 곧 이어서 그의 부친인 아하스와 앗수르인들 사이에 체결된 조약(왕하 16:7)을 파기해 버렸다. 그리고 앗수르로부터의 독립을 선언했다(왕하 18:7). 이러한 히스기야의 독립 선언은 앗수르의 사르곤 2세(BC 722~705년)가 바벨론으로

부터 독립하던 시기에 이루어졌기 때문에 사르곤은 히스기야를 벌할 수가 없었다. 하지만 사르곤의 뒤를 이은 산헤립(BC 705~681년)은 유다를 다시 복속시키기로 결심하고 히스기야 14년(왕하 18:13), 즉 BC 701년에 히스기야를 치기 위해서 군대를 일으켰다. 처음에 앗수르인들은 몇 군데 군사 요충지들을 점령하고 있었는데 곧 예루살렘으로 진격해 들어왔다 (32:1~2).

히스기야는 예루살렘이 앗수르인들의 손에 넘어가는 것을 막기 위해서 성 밖의 모든 물 근원을 막는 공사를 했다(3~4절). 예루살렘의 물줄기는 기혼 샘에서 흐르는 시내였다(30절). 그런 다음 히스기야는 부서진 성벽을 보수하고 그 위에 망대를 세웠다. 그리고 원래의 성벽 앞에 외성을 세우고 성벽 아래에 있는 지대(히브리어로 '밀로'이다)를 견고케 하고(5절. 참조, 왕상 9:24) 병기들을 많이 만들었다. 그리고 히스기야는 백성들을 소집해서 여러 부대로 나누고 그들에게 이렇게 격려했다. "너희는 마음을 강하게 하며 담대히 하고 앗수르 왕과 그를 따르는 온 무리로 말미암아 두려워하지 말며 놀라지 말라 우리와 함께하시는 이가 그와 함께하는 자보다 크니 그와 함께하는 자는 육신의 팔이요 우리와 함께하시는 이는 우리의 하나님 여호와시라 반드시 우리를 도우시고 우리를 대신하여 싸우시리라"(참조, 14:11; 20:4; 25:8). 히스기야의 이 말에 백성들은 수많은 앗수르 군사들이 눈앞에 있음에도 불구하고 큰 용기를 얻었다(참조, 나훔 주석에 있는 앗수르인들에 대한 주해). 역대하에서는 언급되지 않았지만 히스기야는 산헤립에게 막대한 금과 은을 주어서 그들을 돌려보내려고 했다(왕하 18:14~16).

32:9~15 산헤립은 라기스(예루살렘에서 남서쪽으로 48킬로미터 떨어

진 곳에 위치한 주요 도시)에서 사자를 보내서 히스기야가 항복할 것을 전했다(10~15절). 산헤립은 사자를 통해서 보낸 전언에서 어떤 신들도 앗 수르인들을 막지 못했다고 자만했다(앗수르의 도시들에 대해서는 열왕 기하 19장 12~13절에 그 목록이 기록되어 있다). 그리고 산헤립은 여호와 역시 다른 신들처럼 무기력해서 자신들을 막을 수가 없는데 이스라엘 백 성들이 그 연약한 신을 의지하느냐고 조롱했다. 앗수르인들이 보기에 유 다에는 전혀 신이 없었다. 왜냐하면 그들은 많은 신들을 섬기는데 히스기 야가 산당과 이방신들에게 예배하는 제단들을 제거해서 유다에는 여호 와 한 분밖에 신이 없었기 때문이다.

32:16~23 산헤립은 또 사자를 보내서 유다와 여호와를 조롱했다. 그들 은 여호와는 자신들을 막지 못했던 다른 신들처럼 무기력해서 유다를 구 할 수가 없다고 비웃었다. 더욱이 산헤립의 사자는 히브리어로 산헤립의 말을 전해서 성벽에 있던 모든 유다인이 다 듣게 했는데, 산헤립은 예루 살렘의 일반 백성들이 자신의 말을 듣게 함으로써 그들의 사기를 저하시 키려고 한 것이다(16~19절).
　이러한 절망적인 상황에서 히스기야는 선지자 이사야와 함께 하나님 께 간구하면서 하나님께서 이 위급한 형편에서 유다를 구원해 주시기를 기도했다. 하나님께서는 예언자 이사야를 통해서 히스기야 왕에게 확신의 답을 주셨다(왕하 19:20~34). 그리고 천사를 보내셔서 앗수르의 군대를 치게 하시고 산헤립이 치욕을 안고 퇴각하도록 만드셨다(32:20~21절상). 열왕기하의 기자는 하나님의 사자가 앗수르인들 가운데서 185,000명을 죽 였다고 기록함으로써 당시의 극적인 순간을 연출하고 있다(왕하 19:35). 역 대기 기자가 시간이 얼마나 지났는지 언급하지 않지만, 산헤립은 퇴각하

고 나서 얼마 후 니느웨에 있는 그의 신 니스록(참조, 사 37:38)의 신전에서
예배를 드리는 동안에 그의 두 아들(왕하 19:37에서 그들의 이름을 밝혔
다)에 의해서 살해당했다. 앗수르의 연대기에 의하면, 이 암살 사건은 산
헤립이 예루살렘을 침공했다가 퇴각한(BC 701년) 이후로 20년이 지난 BC
681년에 일어났다. 여러 사건들을 통해서 여호와 하나님과 히스기야 왕은
주변 국가들 가운데 명성을 떨치게 되었다(32:22~23).

5. 히스기야의 병과 그의 번영(32:24~33)

32:24~30 역대기 기자는 히스기야가 병이 들었다가 기적적으로 치유
를 받고(징조에 대해서는 왕하 20:11을 보라) 그의 연수가 연장된 사실들
을 간략하게 다루고 있다(32:24. 참조, 왕하 20:1~11; 사 38:1~8). 이것은
역대기 기자가 내용 서술에서 히스기야 왕의 경건함이 아닌 그의 교만함
에 중점을 두고 있기 때문인 것으로 보인다(32:25~26). 히스기야가 왜 교
만해졌는지에 대해 역대기 기자는 27~31절에 세세히 밝히고 있다. 히스
기야는 자신이 여러 가지 업적들을 이루게 되자 교만해졌다고 기록되어
있다. 그는 부와 명성을 얻었다. 창고를 짓고 농경지와 마을을 세우고 예
루살렘의 물줄기를 기혼 샘(동편 기드론 계곡에 위치하고 있다)에서 서편
으로 뽑았으며 이외에도 여러 가지 많은 일들을 했다. 히스기야는 단단한
바위를 뚫어서 기혼 샘에서 실로암 연못까지 터널을 만들었는데, 그 길이
는 약 542미터였다. 이 터널은 양 방향에서 뚫기 시작해서 중간에서 만나
는 공법으로 시공되었다.

32:31~33 히스기야는 어리석게도 자만심에 사로잡혀서 성전과 궁전의

모든 것들을 바벨론 왕 므로닥발라단의 사신들에게 다 보여주는 과오를 범했다(왕하 20:12~19; 사 39장). 역대기 기자는 자세한 사항은 기록하지 않고, 하나님께서 이 모든 일을 통해서 히스기야를 시험하고 그의 마음의 모든 것을 알고자 하셨다고만 기록하고 있다. 즉 하나님께서는 히스기야에게 교만이 어떤 결과를 가져온다는 것을 보여주시고자 했다. 히스기야는 죽어서 그의 조상들(그의 왕조들)과 함께 장사되었다. 역대기 기자는 히스기야의 다른 행적들이 이사야의 책(참조, 사 36~39장)과 유다와 이스라엘 열왕기에 기록되어 있다고 말한다.

N. 므낫세(33:1~20)

33:1~9 므낫세는 하나님을 경외했던 그의 부친과는 전혀 다르게 유다의 악한 왕으로 평가받고 있는데, 그는 55년 동안(BC 697~642년) 유다를 다스렸다. 므낫세는 히스기야와 함께 11년 동안 함께 통치했는데 그 젊은 왕은 부친으로부터 아무것도 배우지 못했을 뿐만 아니라, 오히려 부친의 업적을 버리고 산당을 짓고 이방신들을 위한 제단을 만들고 바알과 가나안의 풍요의 여신인 아세라의 목상을 만들어 세웠다(참조, 14:3 주해). 므낫세는 또한 하늘의 신들(태양과 달, 별들을 신으로 믿고 섬기는 종교)을 섬김으로써 신명기 4장 19절의 계명을 어겼다. 므낫세는 심지어 이방신의 제단을 성전에 두고 거기서 이방신들에게 예배를 드렸다. 그의 조부인 아하스처럼 그는 힌놈의 아들 골짜기에서 그의 아들을 제물로 바쳤다(참조, 28:3 주해). 므낫세는 사술을 행하고(악한 영들로부터 힘을 얻기 위한

것) 점을 치며(징조들을 통해서 미래를 점치는 것) 요술을 행했다(악한 영들과 교통함으로써 다른 사람들을 통제하려는 것). 이 모든 행위들은 신들이 정해놓은 운명을 알기 위해서 고대 근동의 여러 나라에서 사용하던 것들이다.

므낫세는 신접한 자와 박수들, 즉 죽은 자들의 혼과 교통하는 자들을 신임했다. 므낫세가 저지른 악 가운데서 가장 심한 것은 바로 하나님만을 섬기도록 된 성전(33:7~8. 참조, 7:16)에 우상(아세라 상)을 세운 것이다(참조, 왕하 21:7). 므낫세 왕은 무죄한 백성들을 죽였다(왕하 21:16). 그래서 므낫세는 유다를 하나님으로부터 멀어지게 했다(33:9).

33:10~13 므낫세와 그의 백성들이 하나님을 버렸기 때문에 하나님께서는 신속하고 명확한 심판을 내리셨다. 하나님께서는 심판의 도구로 앗수르를 사용하셔서 유다를 치게 하셨다. 앗수르인들은 잔인하게, 마치 들소처럼 므낫세의 코에 갈고리를 끼워서 앗수르의 남쪽 지역에 있는 바벨론으로 끌고 갔다. 얼마 후에 므낫세는 하나님 앞에서 회개함으로써 조국에 돌아올 수 있었다. 역대기 기자는 므낫세의 회개와 그의 귀환을 강조하고 있는데(이것은 열왕기하에는 기록되어 있지 않다), 이것은 아무리 악한 왕일지라도 하나님 앞에서 회개하면 하나님께서 용서해 준다는 것을 말하기 위해서이다. 이러한 역대기 기자의 메시지는 포로기와 포로 이후의 유대 공동체에 희망과 위로를 주었다.

33:14~17 므낫세는 귀환해서 예루살렘의 동쪽 기혼 샘(참조, 32:30)에서 북서쪽 어문(느헤미야 2장에 있는 '느헤미야 시대의 예루살렘' 지도를 보라)까지, 그리고 기혼 남쪽에서 원래의 옛 도시인 오벨을 두르는 외성을

쌓았다. 므낫세는 또한 유다 전역에 걸쳐서 요새를 강화했고 앗수르의 재침공에 대비했다(33:14). 그 후 므낫세는 자신이 만들어 놓은 모든 우상들을 제거하고(15절. 참조, 3~5절) 바른 예배 제도를 회복해서 여호와께 예배를 드렸다(16절). 하지만 백성들은 산당에서 예배하는 습관이 배여 있어서 거기서 여호와께 예배를 드렸다(17절).

33:18~20 이외의 므낫세의 행적과 그의 업적은 이스라엘 왕들의 행장(18절)과 선견자들의 책에 기록되었다(19절). 이스라엘 왕들의 행장에서 '이스라엘'은 20장 34절에서와 같이 유다를 가리키는데, 당시에는 이스라엘은 멸망하고 유다만 남아 있었기 때문이다(열왕기상 14장 19절의 '연대기'에 대한 주해와 역대상 서론에서 '저자' 항목을 보라). 므낫세는 그의 악행 때문에 왕들의 무덤에 장사되지 못하고 그의 궁에 묻혔다(33:20).

0. 아몬(33:21~25)

33:21~25 므낫세의 뒤를 이은 아몬은 2년 동안(BC 642~640년) 통치했는데 므낫세의 악행을 본받아서 그대로 행했다. 하지만 므낫세와는 달리 아몬은 회개하지 않았다. 그래서 아몬은 그의 두 신복에 의해서 살해되었다. 이 사건이 밝혀지자 백성들은 아몬의 살해범들을 처형하고 아몬의 아들인 요시야를 왕으로 세웠는데 그는 백성들의 대대적인 지지를 받았다.

P. 요시야(34~35장)

1. 요시야의 종교개혁(34장)

a. 성전 보수를 위한 준비(34:1~13)

34:1~7 요시야는 아몬의 아들이었는데 그의 부친이 살해당했을 때의 나이는 8세에 불과했다. 그는 31년 동안(BC 640~609년) 통치했다. 요시야는 그의 증조부인 히스기야처럼 하나님을 사랑했으며 그의 나이 16세 되던 때부터 자신의 신앙을 확고하게 표출하기 시작했다. 그는 자신의 재위 12년(그의 나이 20세)에 전 유다에서 모든 가나안 종교를 축출하는 운동을 시작했다. 므낫세 역시 그러한 운동을 했지만(33:15), 므낫세의 정화 작업은 성전에 있는 우상들과 이방신들을 위한 제단들에 국한되었고 전국적인 정화 작업으로 발전하지 못했다(33:3).

요시야는 우상들과 모든 이방 종교의 물품들을 다 가루로 만들어서 이방신에게 예배드리던 그들의 무덤 위에 뿌리고 이방 제사장들의 뼈를 이방신들을 위한 제단 위에서 불살랐다. 이 정화 운동은 유다에만 국한되지 않았다. 이스라엘에서도 벌어졌는데 북쪽 납달리에 이르기까지 우상들을 제거하는 운동이 확산되었다.

34:8~13 그리고 나서 요시야는 그의 재위 18년(그의 나이 26세)에 사반과 마아세야, 요아를 임명해서 그들에게 성전을 수리하고 다시 장식하도

록 지시했다(유다의 왕들은 몇 번 성전을 수리했는데 요시야도 그들 가운데 한 사람이다). 이 세 사람은 온 이스라엘과 유다를 돌면서 성전을 보수하기 위한 기금을 모아서 그것을 대제사장인 힐기야에게 주어 그가 일꾼들을 고용하고 성전 보수에 필요한 물품들을 준비하도록 했다. 그렇게 이들은 왕의 명령을 수행했다. 성전 보수작업의 감독자들은 레위인이었는데 므라리 자손과 그핫 자손에서 각각 두 사람씩 나와서 감독했다. 이 네 사람은 실력 있는 연주가들이었는데 성전과 예배에 있어서 전문적인 지식을 갖고 있었다. 그들은 성전 보수작업의 모든 측면을 점검하는 책임을 맡았다. 이 외에 다른 기술들을 가진 레위인들은 각기 자신들에게 주어진 일들을 했다.

b. 율법책의 발견(34:14~33)

34:14~21 대제사장 힐기야는(참조, 9절) 어느 날 성전에서 백성들이 헌금한 돈을 꺼내다가 여호와의 율법책 사본을 발견했다. 문서설을 주장하는 학자들은 힐기야가 발견한 이 율법책이 바로 신명기라고 말한다. 하지만 신명기일 가능성이 있다고 할지라도 그것을 신명기서에 국한시킬 이유는 전혀 없다. 힐기야가 발견한 율법책은 오경 전체(창세기에서 신명기까지)를 다 포함하고 있었을 것임에 틀림없다.

서기관 사반(참조, 8절)이 요시야에게 그 율법책 사본을 보이고 성전 보수작업의 경과를 보고한 후, 율법책 가운데서 몇 구절을 요시야에게 읽어주었다. 사반이 읽어주는 것을 듣던 요시야 왕은 그 메시지의 의미를 깨닫고 (비통함의 표시로)그의 옷을 찢고(참조, 23:13 주해), 힐기야와 그 외 몇 사람을 더 부르게 해서 율법책을 전부 연구하도록 하고 하나님의 뜻을 알아내도록 했다. 요시야는 그의 선조들이 하나님의 말씀에 순종하지 못했기 때문에 하나님의 진노를 입었다는 사실을 잘 알고 있었다. 요시야가 자기 옷을 찢고 비통해 한 것은 계약의 지도자로서의 왕의 역할과 책임을 알았기 때문이다. 왕은 그 중요한 책임을 제대로 감당하지 못했다고 느꼈기 때문에 그렇게 비통해 했다(참조, 신 17:18~20).

34:22~28 이상하게 보일지도 모르지만, 모세의 책들은 성전 안에 보관된 그 한 권 외에는 모두 소실되고 말았다. 어떻게 해서 그 한 권 이외의 모든 율법서가 소실되었는지는 짐작하기 어렵지만, 하나님에 대한 예배가 전적으로 폐지되었던 므낫세와 아몬의 시대에 율법서들이 소실된 것으로 보인다(33장). 그들이 발견한 율법서에 어떤 하나님의 뜻이 담겨 있는지를 알기 위해서 힐기야와 그의 동료들은 예루살렘의 교외(둘째 구역)에 거주하고 있는 여선지자 훌다에게로 갔다. 그녀의 남편은 살룸인데, 그는 왕과 제사장들의 예복을 주관하는 사람이었다. 훌다는 그들에게 새로 발견된 율법서에 기록된 모든 저주들에 따라서 하나님께서 그 땅에 심판을 내리실 것이라고 말했다(참조, 신 28:15~68; 레 26:14~39). 유다의 배역과 우상 숭배로 하나님께서 유다를 심판하실 것임이 분명하지만, 요시야가 마음을 다해서 하나님을 섬겼기 때문에 하나님께서는 그의 목숨을 보존해 주셨다. 그래서 임박한 하나님의 심판은 요시야의 사후로 연기되었다.

34:29~33 요시야는 훌다의 말을 전해 듣고 모든 장로와 백성을 성전으로 모아서 그들에게 새로 발견된 계약의 책을 낭독해 주었다. 이때 읽은 구절은 출애굽기 20장 1절에서 23장 33절이었거나 신명기 전부였을 것으로 추측된다. 그리고 나서 요시야 왕은 왕과 백성들의 대표로서 백성들

앞에 서서 이렇게 선포했다. "마음을 다하고 목숨을 다하여 여호와를 순종하고 그의 계명과 법도와 율례를 지켜 이 책에 기록된 언약의 말씀을 이루리라." 요시야 왕은 하나님께 이렇게 서약을 하고 나서 모든 유다의 백성에게도 자신과 같이 행하도록 지시했다. 요시야는 이스라엘 전역에서 모든 우상을 제거하고 그곳에서 하나님께 신실한 예배를 드리도록 했으며 그의 계약의 명령들을 준수하도록 지시했다.

2. 요시야의 대유월절(35:1~19)

a. 유월절을 위한 준비(35:1~9)

35:1~4 요시야 18년(19절. 그의 나이 26세)에 요시야는 성전을 보수하고(34:8) 유월절을 지켰다(참조, 히스기야가 유월절을 지킨 것에 대해서는 30장을 보라). 제사장들과 레위인들 각각에게 적절한 직무를 맡기고 그 일들을 수행하도록 명령하고, 이제는 법궤를 성전에 두고 광야생활 하던 때처럼 법궤를 메지 말도록 지시했다. 요시야는 법궤는 성전에 영원히 머물러야 한다고 말했다. 그래서 레위인들과 제사장들은 이제 그들 나름대로의 일을 할 수 있게 되었다. 첫째, 그들은 다윗이 구분하고(참조, 대상 24장) 솔로몬이 확립한(8:14) 반열에 속해서 일을 수행하게 되었다. 그들은 성전 뜰에서 각각 그들의 족속에 따라 백성들을 위해 봉사하도록 위임을 받았다.

35:5~9 그 다음에 제사장들과 레위인들은 유월절 양을 잡아서 유다 백성들을 위해서 준비했다(참조, 30:16~17). 요시야 왕은 왕궁의 가축들을

내주고 거기서 백성들을 위해 30,000마리의 양과 염소와 수소 3,000마리를 제물로 사용하도록 했다(히스기야는 유월절을 지키기 위해서 양 7,000마리와 소 1,000마리를 주었다. 30:24). 요시야의 신복들도 자신들의 가축들을 백성들을 위한 제물로 많이 내놓았다. 그래서 대제사장들은 제사장들에게 유월절 제물들 양 2,600마리와 소 300마리를 주었다. 그리고 레위인 우두머리들은 레위인들에게 5,000마리의 양과 500마리의 수소를 주었다.

b. 유월절을 지키다(35:10~19)

35:10~14 모든 준비가 완료되자 유월절 축제가 시작되었는데 레위인들이 유월절 양들을 죽이고 그 피를 제사장들에게 넘겨주었다. 제사장들은 그 피를 번제단에 뿌렸다. 유월절에 사용하지 않은 양들로 번제를 드렸는데 이 제물들을 소들과 함께 백성들에게 나누어 주었다. 유월절 제물은 율법에 명시된 대로(참조, 출 12:7~9; 신 16:7) 굽고 삶았다. 그렇게 하고 난 다음에 레위인들은 자신들과 제사장들을 위해서 번제를 준비했는데 제사장들은 유월절 예식을 준비하느라 바빴기 때문이었다. 유월절 제물로 양을 아침과 저녁 제사에 드렸는데(참조, 출 29:38~45) 소는 화목제의 제물로 드려졌다(참조, 레 3:1~5).

35:15~19 제사드리는 일을 맡은 레위인들 외에 음악을 연주하고 문을 지키는 레위인들도 있었다. 이들은 제사드리는 일에 참여한 동료 레위인들이 일을 하는 동안 자신들의 처소에서 각기 맡겨진 일을 수행했다. 유월절 축제에 이어서 칠일 동안 무교절을 지켰다. 역대기 기자는 사무엘 이래로 이와 같이 성대하게 유월절이 지켜진 적이 없었다고 기록하고 있다.

3. 요시야와 느고의 접전(35:20~27)

35:20 BC 609년에 이르러 앗수르는 매우 약해져서 전 제국이 붕괴될 지경에 이르렀다. 특히 바벨론 사람들(갈대아인들)에게 제국이 넘어갈 형편이었다. 니느웨는 BC 612년에 함락되었고 앗수르인들은 그들의 남은 총력을 기울여서 유브라데 강 상류의 하란과 갈그미스 주변을 방어하고 있었다. 바벨론 사람들은 그곳으로 진격해서 앗수르인들을 치려고 했지만, 앗수르보다는 바벨론의 세력의 확장을 두려워한 애굽이 갈그미스에 있는 앗수르군을 지원하려는 생각으로 팔레스타인을 통과해서 갈그미스로 진군하고자 했다. 이때 요시야는 바벨론을 지원하고 있었기 때문에 앗수르를 지원하기 위해서 쳐들어 온 느고(BC 609~595년)의 애굽 군대를 저지하고자 군대를 이끌고 나아갔다.

35:21~27 느고는 자신의 진격을 막기 위해서 나오는 요시야를 설득해서 요시야가 군대를 거둘 것을 최선을 다해서 설득했다. 느고는 하나님께서 자신과 함께하셔서 사명을 주셨기 때문에, 만약 요시야가 군대를 돌이키지 않는다면 하나님께서 요시야를 멸하실 것이라고 간곡하게 말했다. 느고는 그의 말대로 하나님으로부터 명령을 받았다. 하지만 요시야는 어떻게든 느고를 저지하려는 생각으로(아합처럼. 참조, 18:29) 애굽 바로의 말을 무시했다. 그래서 결국 느고와 요시야 사이에 전투가 벌어졌는데 요시야는 므깃도에서 벌어진 이 전투에서 치명적인 부상을 당하고 말았다. 므깃도의 평지는 수세기 동안 전쟁터가 되어서 많은 전투가 치러졌다. 아마겟돈(문자적으로 므깃도의 산)은 예수께서 재림하실 때 그리스도의 전쟁터가 될 것이다(계 16:16. 참조, 계 19장).

요시야는 부상을 입고 예루살렘까지 왔지만 결국 부상으로 사망하고 그의 조상들과 함께 묻혔다. 역대기 기자는 이 선왕의 죽음을 모든 유다 사람이 슬퍼하고 선지자 예레미야는 그날에 요시야를 위하여 애가를 지어 불렀다고 기록하고 있다. 여기서 말하는 '애가'는 예레미야 애가는 아니다. 요시야의 다른 행적들은 이스라엘과 유다 열왕기에 기록되어 있다.

Q. 여호아하스(36:1~4)

36:1~4 요시야는 최소한 네 명의 아들을 남겼는데(참조, 대상 3:15) 그들 중에 세 명이 유다의 왕이 되었다(열왕기하 23:31~35 주해에 있는 '유다의 마지막 다섯 왕' 도표를 보라). 이 세 왕 가운데 첫째(맨 먼저 왕이 되었지만 장남은 아니었다. 참조, 36:5)는 여호아하스이다. 그는 요시야의 비극적인 죽음 이후에 백성들에 의해서 왕위에 올랐다. 그는 3개월 동안 유다를 통치했는데 이유는 알 수 없지만 느고가 그를 폐위시켜 버리고 유다에게 은 100달란트(3.75톤)와 금 한 달란트(약 34킬로그램)를 세금으로 내게 하였다.

그러고 나서 느고는 여호아하스 대신 그의 동생인 엘리아김을 왕으로 삼았는데 느고는 그의 이름을 여호야김으로 개명시켰다. 느고가 엘리아김의 이름을 바꾼 사실에서 우리는 그가 엘리아김을 마음대로 조종했다는 것을 알 수 있다. 여호아하스는 애굽에 포로로 잡혀갔다. 이때부터 애굽이 유다를 완전히 장악했으며 이러한 종속 상태는 BC 609년에서 605년까지 지속되었다.

36:5~8 여호야김은 악한 왕으로 평가 받는데, 그는 11년 동안(BC 609~598) 유다를 다스렸다. 여호야김의 재위 중에 유다는 느고와 애굽인들, 그리고 느부갓네살과 바벨론인들의 지배를 받았다. 그의 악함 때문에 (참조, 렘 26:21~24) 하나님께서는 그를 느부갓네살의 손에 붙이셨는데 느부갓네살은 BC 605년경에 애굽인들을 팔레스타인에서 몰아냈다. 이 무렵에 다니엘과 그의 친구들이 바벨론에 포로로 잡혀갔다(참조, 다니엘 1:1 주해). 여호야김은 처음에는 느부갓네살에게 충성을 보이다가 3년이 지나서(BC 602년에) 느부갓네살을 배반했다(참조, 왕하 24:1). (열왕기하 기자와는 달리)역대기 기자는 여호야김이 쇠사슬에 묶여서 바벨론으로 끌려가고 성전의 기구들 역시 탈취 당했다고 기록하고 있다. 느부갓네살은 예루살렘을 세 번 침공했는데 이때가 첫 번이다(BC 605년, 597년, 586년에 예루살렘을 침공했다). 여호야김은 풀려났거나 아니면 바벨론에서 도망친 것이 분명한데, 그가 예루살렘 성 밖에 불명예스럽게 매장되었다는 점에서 그 사실을 추측할 수 있다(렘 22:18~19). 여호야김은 하나님 보시기에 악하게 통치했는데 그의 행적이 이스라엘과 유다 열왕기에 기록되어 있다.

5. 여호야긴(36:9~10)

36:9~10 여호야긴은 여호야김의 아들인데, 그는 18세에(대부분의 히브리 원고들은 여호야긴이 당시 8세라고 기록하고 있다. 참조, NIV 난외주. 그런데 여호야긴에게 적합하지 않은 나이인데, 그가 당시 아내들이 있었기 때문이다. 참조, 왕하 24:15) 그의 부친의 뒤를 이어 왕위에 올랐다. 여호야긴은 석달 열흘 동안밖에 통치하지 못했다(BC 598~597년). 그는 하나님 보시기에 악해서 느부갓네살이 그 다음해 봄에 서부지역 원정에 나섰을 때 여호야긴과 그의 가족들을(유대인 10,000명과 함께, 왕하 24:13~14) 포로로 잡아서 바벨론으로 끌고 가고 시드기야를 유다 왕으로 삼았다. 열왕기하 25장 27~30절에는 여호야긴이 그의 포로 생활 37년(BC 560년)에 감금 생활에서 풀려나 바벨론 왕궁의 연금을 받으면서 여생을 마쳤다고 기록되어 있다. 이러한 사실은 신바빌로니아 문서에 의해서 확증되었다(James B. Pritchard, ed, *Ancient Near Eastern Texts Relating to the Old Testament*, 3rd ed. Princeton, N.J.: Princeton University Press, 1969, p. 308). 여호야긴은 느부갓네살의 사후 2년에 감금 생활에서 풀려났으며 여기에는 다니엘의 힘이 작용한 것으로 보인다.

T. 시드기야(36:11~16)

36:11~16 여호야긴을 폐위시키고 느부갓네살은 여호야긴의 삼촌(참조, 10절)인 시드기야를 왕으로 삼았다. 시드기야는 구약시대 유다의 마지막 왕이다. 그는 11년 동안(BC 597~586년) 통치했는데 악한 왕으로 평가받고 있으며, 그의 통치 시기의 상황이 선지자 예레미야에 의해서 자세히 기록되어 있다(참조, 렘 21:3~7; 32:1~5). 시드기야는 그의 재위 9년(BC 588년. 참조, 왕하 25:1)에 느부갓네살의 압박에서 독립을 선언했는데, 임박한 여러 가지 위험에도 불구하고 하나님을 찾지 아니하였으며 모든 유다의 우두머리들과 백성들도 여호와를 찾지 않았다. 그러나 하나님께서는 인내하시고('아끼사') 선지자들('그의 사신들')을 보내셔서 그들에게 심판을 경고했지만 백성들은 하나님의 말씀을 거부하고 하나님의 선지자들을 조롱했다. 그래서 그들을 죄에서 헤어나게 할 방도가 없었으며 결국 심판을 받을 수밖에 없는 형편에 이르렀다(참조, 렘 5:10~13; 7:12~15).

U. 바벨론의 예루살렘 정복과 포로생활의 시작(36:17~21)

36:17~20 이러한 절망적인 상황이 지속되다 마침내 느부갓네살의 군대가 (하나님의 인도하심을 따라)예루살렘으로 진격해 와서 유다를 공격했다. 그래서 시드기야에 의해서 주도된 유다의 독립이 수포로 돌아가고

말았다. 이 전쟁에서 남녀노소를 무론하고 많은 사람들이 무참히 살해되었으며 포로로 잡혀갔다. 성전에 보관된 값진 보화들을 탈취 당했으며 궁전을 포함해서 거의 모든 건물이 불에 타서 잿더미로 변했다. 예루살렘의 성벽도 무너졌다. 이 비참한 전쟁에서 살아남은 사람들은 포로가 되어서 바벨론으로 끌려갔다. 그들은 거기서 BC 539년에 바벨론이 페르시아(바사) 제국에 의해 멸망할 때까지 종살이를 했다.

36:21 이러한 비참한 상황을 기술하고 나서 역대기 기자는 유다의 땅이 예레미야가 예언했던 대로 70년 동안의 안식을 누리게 되었다고 말한다 (참조, 렘 29:10). 이 70년의 기간은 느부갓네살의 첫 번째 이주(BC 605년)에서부터 BC 536년 귀환 및 포로들에 의해서 성전이 다시 세워질 때까지의 기간을 말한다(참조, 단 9:2; 스 1:1). 이스라엘과 유다가 그들의 역사를 통해서 전혀 안식년(7년마다 토지를 경작하지 않는 제도. 레 25:1~7)을 지키지 않았기 때문에 하나님께서 강제로 그 땅에 70년의 안식을 주신 것이다(참조, 레 26:34~35).

V. 고레스의 칙령(36:22~23)

36:22~23 역대기 기자는 그의 역사 서술을 낙관적인 기대로 마무리하고 있다. 하나님께서 자신의 백성들에게 심판을 내리시고 그들을 포로로 잡혀가게 하셨지만, 결국에는 그들을 다시 구원해 주시고 겸비하고 회개하는 사람들로 다윗의 왕가를 이어가도록 하셨다. 이러한 일을 이루시

기 위해서 하나님께서는 바사의 강력한 군주 고레스를 사용하셨다(BC 559~530년). 고레스는 그가 바벨론을 정복한 첫 해(BC 538년)에 칙령을 발표해서 모든 유다 백성은 그들의 고국으로 돌아가서 성전을 재건해도 좋다는 조서를 발표했다. 이 선포는(에스라 1장 2~3절상에 의해서도 입증되고[참조, 에스라 주석], 또한 발견된 바벨론의 비문 기록에 의해서도 입증되었다) 예레미야의 예언(렘 25:12; 29:10. 참조, 단 9:4~19의 다니엘의 기도)을 이루시기 위한 여호와 하나님의 섭리에 의해 이뤄졌다. 이스라엘과 유다의 대부분의 왕들은 여호와의 말씀에 순종하지 아니하고 백성들을 주께로 이끌지 못했다. 아이러니하게도 하나님께서는 이방 왕의 마음을 움직이셔서 이러한 역사적인 사건을 가능하게 하시고, 결국 하나님의 섭리하심으로 사건들을 주관하셔서 성육신하신 하나님, 이스라엘의 왕이신 예수 그리스도의 재림까지 세계의 역사를 이끌고 가실 것이다.

참고문헌

• Ackroyd, Peter R. *I and* II *Chronicles, Ezra, Nehemiah.* Torch Bible Commentaries. London: SCM Press, 1973.

• Coggins, R.J. *The First and Second Books of the Chronicles.* New York: Cambridge University Press, 1976.

• Curtis, Edward Lewis, and Madsen, Albert Alonzo. *A Critical and Exegetical Commentary on the Books of Chronicles.* The International Critical Commentary. Edinburgh: T. & T. Clark. 1910.

• Keil, C.F. "The Books of the Chronicles." *In Commentary on the Old Testament in Ten Volumes.* Vol. 3. Reprint(25 vols. in 10). Grand Rapids: Wm. B. Eerdmans Publishing Co., 1982.

• Myers, Jacob M. II *Chronicles.* The Anchor Bible. Garden City, N.Y.: Doubleday & Co., 1965.

- Sailhamer, John. *First and Second Chronicles.* Chicago: Moody Press, 1983.

- Slotki, I.W. *Chronicles: Hebrew Text and English Translation with an Introduction and Commentary.* London: Soncino Press, 1952.

- Williamson, H.G.M. *1 and 2 Chronicles.* The New Century Bible Commentary. Grand Rapdis: Wm. B. Eerdmans Publishing Co., 1982.

- Zöckler, Otto. "The Books of the Chronicles." In *Commentary on the Holy Scriptures, Critical, Doctrinal, and Homiletical.* Vol. 4. Reprint (24 vols. in 12). Grand Rapids: Zondervan Publishing House, 1960.